Paris

http ://www.laboiteapandore.fr

La Boîte à Pandore est sur Facebook. Venez dialoguer avec nos auteurs, visionner leurs vidéos et partager vos impressions de lecture.

ISBN : 978-2-87557-105-2 – EAN : 9782875571052

Dépôt légal : D/2014/11906/41

MICHELINE MACA

J'ai épousé un prêtre

UN PARCOURS DE L'OMBRE À LA LUMIÈRE

À mes ancêtres ;
qu'ils reposent en paix.
À ma descendance ;
qu'elle sache pardonner.

PRÉFACE

Je les vois encore assis en face de moi, dans ma chambre au Bureau Episcopal : deux prêtres belges venus chez moi par l'intermédiaire d'un évêque orthodoxe grec. Ils me racontaient leurs histoires ne cachant pas leur émotion, ils me parlaient à cœur ouvert.

En face de moi se trouvaient deux hommes convaincus et engagés ; la pastorale était leur passion et leur vie. La vie de ces deux prêtres avait pris un certain virage, les situant à la périphérie de l'Église catholique romaine. Leur mariage les avait obligés de donner leur démission. Chose logique selon les règles catholiques romaines, pourtant dommageable pour les fidèles qui aimaient leurs prêtres. Pourquoi cette grande tension autour du célibat sacerdotal ? La disponibilité se heurte à une loi intransigeante.

Ces deux hommes cherchaient donc l'espace libre pour pouvoir rester fidèles à eux-mêmes: en tant qu'hommes et en tant que prêtres. Ils avaient le sentiment que dans l'Église il fallait respecter « la liberté » ; pas une liberté superficielle de l'homme qui fait tout ce qui lui plaît, mais certainement la liberté d'aimer à sa façon, personnelle et originale. La liberté enrichit la société.

Quand l'évêque Reinkens (1821-1896) ouvrit le séminaire à Bonn en 1887, il s'adressa aux étudiants. Il leur dit qu'il ne voulait pas que le séminaire devienne un « Drillantstallt » (un établissement de dressage), mais bien au contraire un endroit où l'on pratiquait l'adoration de Dieu, un endroit de sciences et d'amour fraternel. L'Église en effet est l'espace libre au sein du monde, avec toutes ses questions et toutes ses opportunités, pour s'aimer et pour adorer Dieu. C'est à partir de cette conviction que l'Église vieille-catholique participe à l'Église « Universelle » donnée au monde comme une source d'espoir et de joie.

Notre nom peut donner l'impression que nous sommes « vieux jeu » ; bien au contraire ! Dans notre nom se cache tout un programme. Nous voulons retourner à « l'ancienne » Église, à l'Église « primitive » quand il n'y avait pas encore question de cette subdivision en des dénominations innombrables, mais où les Églises locales pratiquaient l'Évangile chacune à sa façon dans leur propre contexte et où elles cherchaient et vivaient l'alliance mutuelle. C'est justement ce dernier aspect qui en faisait des « Églises catholiques ».

« Catholique » est la qualité d'une Église qui est unie au christianisme universel et qui reste ouverte au monde. L'ouverture œcuménique d'une Église est un critère important de sa catholicité. C'est pourquoi l'œcuménisme occupe une place centrale pour nous, les vieux-catholiques, depuis le début de notre organisation en 1889. En fait, « le Mouvement Vieux-Catholique » en Europe Centrale au dix-neuvième siècle était un mouvement œcuménique avant la lettre.

Depuis 1931, ce grand effort a mené à une intercommunion ecclésiale complète avec la famille anglicane et, en 1987, à un accord sur tous les points cardinaux de la foi avec la famille orthodoxe. En outre nous continuons toujours un dialogue important avec le Vatican où tous les thèmes primordiaux de la théologie ecclésiale sont étudiés profondément. Dans l'œcuménisme la communauté vieille-catholique est considérée comme une « Église pont » ayant uni le meilleur du protestantisme et les traditions catholiques et elle pourrait être une source d'inspiration pour ces deux. Nous considérons ce fait comme une grande responsabilité et comme notre contribution à l'unité des Églises.

Les Églises ne sont pas des puissances abstraites mais des communautés locales qui doivent se rapporter à leur propre contexte. Les questions et les problèmes auxquels les gens sont confrontés ou les possibilités et les chances dont ils se réjouissent doivent trouver un écho dans l'Église. La question est comment l'Évangile reste un message libérateur dans la réalité de ces données et comment il montre le chemin vers Dieu aux humains. Cela peut amener l'Église à des décisions de conscience. Ce fut le cas dans le contexte vieux-catholique lors de la décision de rendre accessible aux femmes le ministère apostolique d'évêque, de prêtre et de diacre. Cette décision fut prise par notre Conférence Internationale des Evêques en 1996 après plus de vingt ans d'étude, de concertation et de prière. Nous savions que certaines Églises de l'œcuménisme ne seraient pas d'accord, pourtant nous étions convaincus que l'Esprit était à la source de cet aboutissement. Nous étions et nous sommes encore conscients d'avoir créé ainsi une tension supplémentaire dans le processus œcuménique ! Pourtant nous faisons l'expérience que dans nos contextes, le fonctionnement des femmes au ministère fait du bien à la prédication de l'Evangile.

La famille vieille-catholique est une alliance, petite mais active, de diocèses locaux qui entretiennent des contacts mondiaux. Depuis la fondation elle est membre du Conseil Œcuménique des Églises et y joue un rôle important jusqu'à aujourd'hui. Nous nous voyons bien plus comme un « mouvement » qui veut activer la « vivacité catholique » dans les grandes Églises et dans l'œcuménisme.

Nous nous sentons heureux avec nos petites communautés qui se sont formées autour des deux prêtres belges. Nous les avons accueillis de tout cœur dans la « Mission Vieille-Catholique francophone » après un cheminement fait de partage et de rencontre et ils y ont été « incardinés ». Les deux communautés de base constituent pour leurs membres un espace libre où leur foi peut grandir dans l'ouverture au monde, dans l'amitié réciproque et dans l'adoration de Dieu. C'est pourquoi elles sont des sources de lumière, petites et vulnérables, mais dont les gens ont tellement besoin! Mes remerciements à ces femmes et à ces hommes courageux qui le réalisent! Que ces évolutions ne soient pas tombées du ciel mais qu'elles soient le fruit d'une recherche intense et d'une ouverture permanente à la créativité de Dieu, c'est ce que nous pouvons apprendre par la lecture de l'histoire de Micheline Schobbens-Maca. Nos félicitations lui sont spécialement adressées pour son ouverture de cœur. Que cette ouverture puisse être pour nous tous un encouragement pour ne pas rester inertes devant le cours des choses dans nos vies. Dieu est tellement plus grand...

† Joris Vercammen,
Archevêque Vieux-Catholique d'Utrecht et président de la Conférence Internationale des Évêques Vieux-Catholiques.

PETITE HISTOIRE DU CÉLIBAT IMPOSÉ POUR LES PRÊTRES

Il serait fastidieux et cela demanderait un ouvrage complet de reconstituer l'histoire du célibat des prêtres imposé aujourd'hui dans l'institution romaine. Il faudrait, pour plus d'honnêteté intellectuelle, non pas parler de tradition mais de coutume dans la chrétienté depuis ses origines. Certains théologiens ne font pas la différence malheureusement entre coutume et tradition, ce qui conduit fatalement à des erreurs d'interprétation. Cependant lorsque le pape de Rome actuel rappelle judicieusement que le célibat imposé n'est pas un dogme, il ouvre une porte à son institution pour un éventuel réajustement théologique interne. Si l'on parcourt de façon objective les écritures et les témoignages des Pères de l'Église, les textes ne nous permettent pas d'affirmer que le célibat imposé pour les prêtres soit intrinsèque à l'essence même du sacerdoce ordonné ; **il ne l'est pas** ! Il s'agit ici d'une meilleure conception de l'aspect christologique interprétée différemment dans l'institution romaine et dans d'autres églises. Nous y reviendrons plus loin. L'histoire du célibat est très compliquée selon les évènements historiques, les aléas politiques, les régions, les mentalités, les sensibilités. Ainsi vouloir à tout prix imposer le célibat au prêtre est indélicat de même que ce le serait de ne pas reconnaître ce célibat comme une grâce. L'histoire de l'Église nous réconcilie avec le fait que les deux façons d'être prêtre sont toutes les deux une grâce.

Puisqu'il nous faut bien placer des bornes de repérages historiques afin d'éclairer le lecteur on peut dire que Rome essaie d'imposer le célibat aux prêtres à partir de Léon IX (1049-1054) et ses successeurs qui entreprirent un grand mouvement de réforme qui portera le nom de « réforme grégorienne » bien qu'il se soit poursuivi après le pontificat de Grégoire VII (1073-1085). Il serait trop long d'énumérer toutes les mesures prises durant ce véritable combat pour, pensaient-ils rétablir l'ordre et l'antique discipline. Relevons seulement deux points saillants de cette période. Nous savons que l'Église durant le premier millénaire « recrutait » en général ses prêtres en grand nombre, si ce n'est majoritairement, parmi les hommes mariés. La réforme grégorienne, soucieuse de maîtriser davantage la discipline de la continence et d'en faciliter la pratique, s'appliquera à mieux choisir et former les candidats au sacerdoce et renoncera petit à petit à admettre aux ordres des hommes mariés. Cette dernière mesure avait en plus l'avantage de régler le problème des héritages des charges et des bénéfices et de l'entretien des épouses. Une interprétation courante de ces faits, consiste à affirmer que l'Église a imposé le célibat aux prêtres pour l'unique motif de récupérer ces héritages, nous pensons cependant que ce n'est pas la seule raison. D'autre part, le deuxième concile du Latran (1139) statua solennellement que le mariage des clercs majeurs et des profès solennels était non seulement illicite mais invalide. Mais c'est surtout la Contre-Réforme (contre la Réforme protestante) sous l'impulsion du Concile de Trente, qui pense approfondir la théologie du sacerdoce, rectifier les mœurs ecclésiastiques et rétablir la discipline du célibat grâce à une formation du clergé et par la création des séminaires. L'obligation de suivre des études dans ces institutions pour pouvoir être ordonné mis fin à la pratique qu'avait l'Église d'ordonner des hommes mariés. C'est depuis cette époque que seuls sont admis au sacerdoce les hommes vierges (citation du concile de Trente) dans l'institution romaine.

Si l'on accepte ces deux grandes étapes : concile du Latran en 1139 et concile de Trente comme repères pour situer cette discipline romaine, alors on ne peut s'empêcher de faire coïncider ce mouvement disciplinaire avec le grande et malheureuse rupture entre l'occident romain et l'orient byzantin en 1054 et consommée par le concile de Florence en 1439. Les divergences théologiques sont grandes alors entre Rome et Constantinople. De ces divergences découlent logiquement des disciplines différentes. Dans les églises orientales orthodoxes les prêtres peuvent être mariés. Et cela nous amène alors à aborder superficiellement les coutumes les plus répandues dans le premier millénaire. On peut ainsi dire que les église orientales sont plus proches dans les pratiques du premier millénaire que l'on nomme aussi la période apostolique et des Pères de l'Église.

A – Les évangiles ne nous permettent pas de conclure à une imposition du célibat de la part de Jésus. De plus, Jésus étant Christ, un approfondissement sur cette dénomination Christ ne conduit pas à une conclusion sur un célibat intrinsèque au sacerdoce ministériel ce qui serait aventureux. En effet nous sommes tous Christ affirme saint Paul ; hommes femmes prêtres et laïcs nous formons le Corps du Christ. On parle de la belle-mère de Pierre, et essayer de savoir si Pierre était veuf ou bien affirmer que celui-ci était marié avant de suivre Jésus et en tirer la conclusion qu'après avoir décidé de suivre Jésus Pierre n'aurait plus eu de rapports conjugaux avec sa femme, tout ceci reste douteux comme réflexion.

B – La période apostolique selon ce qui nous est rapporté dans les épîtres de Paul nous offre la possibilité de constater l'état conjugal des premiers évêques : presbytes. Il suffit de relire la lettre à Tite ou à Timothée pour y lire que Paul recommande aux presbytes d'être « mari d'une seule femme ». Nulle part il y est question d'abstinence conjugale !

C – La période des pères qui s'étend après l'âge apostolique jusqu'au XIIe siècle nous offre une large réflexion sur le sujet tout en nous donnant des exemples de prêtres et d'évêques mariés tant en Orient qu'en Occident. Comme nous l'avons dit il nous faudrait un livre complet pour étudier plus en détail ce sujet. Dans le sacerdoce orthodoxe, à côté de l'état monastique, l'état conjugal du clergé était même obligatoire encore récemment, et les prêtres célibataires (au dessus de 40 ans) ne furent admis en Russie qu'au XXe siècle. Lors du premier concile œcuménique, on voit l'évêque Paphnuce (sévère ascète) prendre la défense de l'état conjugal des prêtres. D'ailleurs plusieurs canons (lois d'église) sont catégoriques et incisifs envers ceux qui estiment incompatibles le sacerdoce et le mariage, ou manifestent le moindre mépris envers la sainte institution (histoire des conciles par HEFELE V.I) : « *le mariage et les rapports des époux dans le mariage sont par eux-mêmes quelque chose de digne et sans tâche. La communion d'un homme avec sa femme légitime peut être une communion chaste* ». C'est pourquoi le concile de Trullo (691) déclare : « *Dans l'Église romaine, ceux qui veulent recevoir le diaconat ou la prêtrise promettent de n'avoir plus commerce avec leur femme. Quand à nous, observateurs des canons apostoliques, nous permettons la continuité de la vie conjugale* » (canon 13). Le clergé marié démontre ainsi que l'état conjugal n'entrave point la participation au cœur même de la vie liturgique : la célébration sacerdotale de l'eucharistie. Les grands ascètes saint Macaire, Saint Jean Cassien etc... parlent de la fornication possible dans l'âme des moines et dans leur imagination. D'autre part ils parlent et insistent sur la chasteté des vrais mariés. C'est donc dans la chasteté spirituelle, dans la pureté de l'esprit que l'état monastique et le mariage culminent et se complètent. « *Le mariage est honorable et le lit nuptial est sans souillure, car le Christ les a bénis lorsqu'il changea l'eau en vin aux noces de Cana»* proclame le texte du rite du mariage orthodoxe. On pourrait donc continuer une liste de textes qui confirment la conclusion qui permet d'affirmer que la pratique courante durant les 12 premiers siècles de la chrétienté, était l'état conjugal du clergé, prêtres et évêques.

CONCLUSION

En guise de conclusion nous présentons notre église des «Vieux-Catholiques de l'Union d'Utrecht» comme une église qui s'inspire des premiers siècles, en communion théologique avec nos frères orthodoxes; en pleine communion avec l'église anglicane, et en étroite collaboration avec les églises protestantes mais aussi en dialogue avec l'église romaine.

C'est en 1874 c'est sous l'influence de Hyacinthe Loyson et Ignaz von Dollinger que l'église des vieux catholiques de Hollande abandonne l'imposition du célibat pour le clergé dans son ensemble. Elle sera suivie par l'église catholique chrétienne de Suisse qui d'ailleurs ne forme plus qu'une seule entité avec l'Union d'Utrecht. Cependant nous considérons qu'il faut laisser le libre choix de vie conjugal ou célibataire au clergé. Contrairement à nos frères orthodoxes pour lesquels les prêtres doivent être mariés avant leur ordination, sachant que s'ils ne sont pas mariés avant les prêtres ne peuvent plus se marier après leur ordination. Les évêques doivent être célibataires. Contrairement aussi au clergé romain qui interdit tout mariage du clergé avant ou après l'ordination du clergé. Soulignons cependant que les églises coptes orientales rattachées à Rome ont des prêtres mariés.

Nous avons essayé d'être le plus concis possible et le plus impartial dans cette présentation.

Cependant il est vrai qu'une réflexion plus approfondie serait intéressante, parce que cela nous amènerait à constater que ce qui est en cause dans les différentes interprétations du célibat, c'est moins l'état du clergé que la conception du mariage en lui-même, et la conception de la sexualité si différente de la nôtre par rapport à l'institution romaine. Cette étude nous conduirait à comprendre les différentes interprétations théologiques au sujet de la grâce, du sacrement, de l'eucharistie et de la présence réelle, en bref cela nous conduirait à une intéressante découverte des différentes compréhensions sur la personne humaine.

Pour terminer ce chapitre, nous devons dire que le célibat obligatoire ne peut être un article de foi ni un dogme en soulignant que si Jésus n'était pas marié (ou s'il l'était) cela ne changerait en rien notre foi en la Résurrection du Christ, en sa divinité, en son incarnation; en son éternité et la nôtre, cela ne changerait en rien sur notre état de co-créateurs dans le Christ. Cela ne changerait en rien notre adhésion au dogme de la Trinité qui est l'expression du mode de communication des énergies divines en l'Homme et de l'Homme. Cependant un regard approfondi sur les différentes conceptions de la grâce est indispensable pour permettre au lecteur de mieux comprendre les raisons des divergences de pensée de notre Église envers certains dogmes comme l'immaculée conception, ou l'infaillibilité papale... ainsi que les différences de point de vue à propos de la sexualité, différences qui conduisent inévitablement à la reconnaissance d'un clergé marié en ce qui nous concerne ou son refus en ce qui concerne l'Église Romaine.

En toute objectivité force est de conclure que la pratique courante et majoritaire de la chrétienté depuis ses origines jusqu'à nos jours est: le clergé marié. Le célibat obligatoire n'étant qu'une exception pour l'ensemble de la chrétienté.

Par conséquent, pour nous, en ce qui nous regarde aujourd'hui, nous pensons que dans le contenu de ce livre, l'histoire personnelle de Micheline et Jean est dans la juste harmonie avec la tradition et dans sa continuité de l'Église millénaire.

Pierre-Marie Boubay
Théologien
Prêtre dans l'Église Vieille-Catholique de l'Union d'Utrecht

INTRODUCTION

— Je ne veux pas de scandale !

La voix de mon interlocuteur est ferme, presque autoritaire, mais il ne crie pas. Au séminaire, on lui a appris à garder son calme, imperturbablement, même face à un désagrément comme celui auquel nous le confrontons.

— C'est quoi pour toi, Michel, faire scandale ?

Moi aussi je suis calme, étrangement. J'attends ce moment depuis tellement longtemps. Nous sommes enfin devant l'explication tant redoutée et pourtant tant attendue. Un souffle étrange m'habite et m'anime. Cette fois, je sens que rien ne m'empêchera de parler et que j'irai au bout de ce que j'ai à lui dire, qu'il veuille l'entendre ou non, qu'il soit d'accord ou non !

Il reprend, sèchement, retenant péniblement sa rage :

— Je ne tolèrerai aucune déclaration dans les journaux avant fin juin ! Si je lis quoi que ce soit sur vous, je serai obligé d'agir.

— Si tu étais cohérent, Michel, tu agirais maintenant, puisque tu sais, que tout le monde sait ! Il te suffit d'ordonner à Jean d'arrêter, et il le fera immédiatement.

— Ce n'est pas ce que je veux ! Et je n'ai, de toute façon,

rien à lui ordonner, admet-il avec un brin d'amertume dans l'intonation de la voix.

— Mais si, justement, puisque tu es son supérieur ! Ce qui te retient, c'est la peur que la presse relate l'événement par un gros titre du style « un prêtre est obligé de s'arrêter deux mois avant sa pension pour cause de concubinage ! » Tu crains un scandale et tu as raison ! Mais le scandale n'est pas dans la relation que j'ai avec Jean, le scandale c'est que vous le saviez et que vous avez fermé les yeux parce que ça vous arrangeait ! Et cela depuis six ans !

Le terrain devient glissant…

— Ce n'est pas ta discrétion qui va améliorer la situation ! J'ai lu et n'ai pas aimé ton dernier article dans la revue Hors les murs à propos des messes de minuit ! Sans compter que tu annonces ouvertement votre mariage ! Heureusement que les paroissiens ne lisent pas ce journal ! Ils pourraient être choqués !

— Écoute Michel, si les paroissiens sont choqués parce que nous sortons du mensonge et de l'hypocrisie, c'est qu'ils ne se posent pas les bonnes questions ! Tu peux ne pas être d'accord avec ce que j'ai écrit, mais c'est ma perception des choses, mon vécu, et j'ai le droit de l'exprimer.

— Tu penses te cacher derrière un pseudonyme, mais tu donnes ton numéro de téléphone au bas de l'article ! C'était difficile pour moi de ne pas te reconnaître !

— Je ne t'ai jamais caché que j'écrivais dans cette revue adressée principalement aux prêtres sortis de l'institution (et à leur compagne par la même occasion !) Mais je vois avec plaisir qu'en dehors de ceux qui ont quitté l'institution, bon nombre de curés encore en fonction y sont abonnés... Même toi, tu sembles l'avoir lue !

Maintenant qu'on aborde enfin ce sujet, brûlant entre tous, je veux qu'il reconnaisse le problème, qu'il prenne position, qu'il s'engage, qu'il assume la situation avec franchise et qu'il agisse avec cohérence. Mais lui, par une pirouette purement ecclésiastique, coupe net la discussion.

— Je vous demande le silence jusqu'à sa dernière messe. Après, cela ne me regarde plus !

Une fois sorti de ma juridiction, il ne dépendra plus que de l'évêque.

— J'assume l'entièreté de mes propos et de mes actes. Jean aussi ! Tu n'as rien à craindre, il n'y aura pas de remous, en tout cas pas de provocation de notre côté. Mais tu dois être conscient que ce mariage aura lieu, ici, dans ta juridiction et qu'il suscitera questions et réactions. Et c'est tant mieux. On va peut-être pouvoir faire avancer la machine !

— Ce ne sera plus mon problème, dit-il avec amertume.

— Bien sûr… comme d'habitude… on retire les marrons du feu quand ils sentent le roussi ! Décidément, Michel, toi et moi, nous n'aurons jamais le même point de vue sur les sujets qui touchent à votre pouvoir et à votre ascendant sur le clergé et les croyants en général.

Il raccroche. La discussion a tourné court, il n'a aucun moyen d'enrayer le cours des choses, et c'est ce qui l'ennuie le plus. Comme toujours, plutôt que de trancher dans le vif, on finasse autour de la difficulté pour mieux la contourner. Mais je suis contente, soulagée d'avoir pour la première fois exprimé ouvertement mon opinion, sans crainte du coup de crosse que la hiérarchie romaine manipule avec beaucoup de dextérité quand elle en a encore le pouvoir.

Jean, ayant délibérément choisi de partir pour m'épouser, ne leur laisse aucun moyen de mettre la pression sur notre couple. La peur nous a quittés, c'est cela qui est nouveau et qui les dérange.

Je me sens du coup légère, débarrassée de la lourdeur que fait peser sur ses membres la vieille et poussiéreuse Église catholique romaine…

Je pense « pauvre type ! » Il est pourtant jeune, beaucoup plus jeune que nous, et il se trouve coincé dans un système qu'il va soit servir fidèlement pour faire carrière, soit quitter un jour par manque d'oxygène. Mais à ce stade, ce n'est plus mon problème, ni mon combat !

J'ai reposé le téléphone et suis sortie au jardin pour respirer profondément. Je suis consciente que ce qui vient de se passer aura des conséquences, mais je n'ai pas de regret.

J'ai quarante-sept ans et Jean soixante-douze. Ce que nous avons à vivre, nous voulons le vivre au grand jour, maintenant, intensément, sans nous laisser encombrer par de faux problèmes. Notre urgence, c'est de témoigner de toutes nos forces, avec toute notre conviction, d'un message d'amour laissé il y a plus de deux mille ans.

Jean n'est pas à la maison. J'ai pourtant envie de partager avec lui ce moment que je viens de vivre. Je suis si fière d'avoir tenu tête à notre jeune doyen ! Je déborde d'une joie intérieure qui ressemble à de la jubilation…

J'ai besoin de la partager, là, toute de suite ! Je traverse la rue pour pousser une tête chez ma voisine et lui raconter, en sachant qu'elle va en rire, la conversation que je viens d'avoir au téléphone. La gaité que je porte en moi est tellement débordante qu'en entrant chez Margot, son fils m'accueille en m'embrassant sur les deux joues et en s'exclamant :

— Qu'elle est jolie, la fiancée du curé !

Cette remarque m'arrête net dans mon élan. Je le regarde, éberluée. « *La fiancée du curé* » ! C'est la première fois que quelqu'un m'attribue ce titre. C'est même la première fois que je réalise que je suis fiancée au curé ! Je suis sa fiancée dans le fond de mon cœur depuis longtemps, mais pour la première fois quelqu'un, extérieur au cercle de ma famille, me reconnaît cette place. Joie dans mon cœur, joie dans ma tête. Oui, je suis sa fiancée et tellement fière de l'être !

C'est l'aboutissement de six longues années d'amour clandestin (enfin pas trop…), de renoncement (pas trop non plus), six années de travail dans l'ombre pour arriver, enfin, à cette reconnaissance. Six longues années de fiançailles !

AINSI SOIT-IL !

CHAPITRE 1

J'ai quarante ans ce week-end. Je viens de me séparer de Julien après dix-sept ans de mariage. Mes fils, Roman quinze ans et Aurélien sept ans, sont en vadrouille et moi, je suis seule.

Désœuvrée, je tourne en rond. Je n'ai pas l'habitude d'être seule. C'est tout récent, ce sentiment de liberté. Un peu angoissant aussi. Je prends mes clés et m'apprête à sortir quand la sonnerie du téléphone retentit. Je reconnais la voix de Jean. Mon cœur bondit.

— J'ai un petit cadeau pour ton anniversaire !

Comment peut-il savoir ?

— C'est ta mère qui a vendu la mèche, ajoute-t-il devant mon silence perplexe. Je l'ai vue hier à la messe.

Ma mère est un vrai pilier d'église ! Sans elle, je n'aurais jamais rencontré Jean. Aller de chapelle en chapelle fait partie de ses passe-temps favoris.

— Tu veux venir manger avec moi ? proposai-je, une note d'espoir dans la voix. Je suis seule.

— J'ai une meilleure idée, dit-il. Je t'emmène pour le week-end à Journal. Je dois tondre la pelouse. Il y a plus de deux semaines que je n'y ai pas été, et l'herbe doit être bien haute. Je te ramène demain avant le retour des enfants. L'idée te tente ?

Comment refuser une telle invitation ?

— Bien sûr ! Quand part-on ?

— Je serai chez toi dans une demi-heure.

J'adore passer du temps avec lui en Ardenne et j'aime beaucoup sa maison. Il l'a construite, voici quelques années, pour y accueillir le temps des vacances des familles monoparentales ou en situation de précarité. L'accueil est sa raison de vivre, complémentaire à son sacerdoce, comme une deuxième peau.

Il m'avait déjà invitée, avec Julien et les enfants, après notre dernière mission en Asie. Nous n'étions pas à proprement parler en situation précaire, mais notre dernier retour de mission nous avait ramenés à zéro, ce qui revenait au même… Jean avait réitéré l'invitation à plusieurs reprises, nous y répondions à chaque fois avec joie. C'était pour moi le bonheur complet : vivre quelques moments avec, sous le même toit, les deux hommes que j'aimais ! Bonheur pourtant secret, indicible, honteux pour le monde s'il était révélé. Je le portais donc, enfoui dans mon cœur et pourtant à fleur de peau, prêt à éclore au moment propice.

Ce matin de printemps, c'est la première fois que je pars seule avec lui. Je suis ravie et j'ai peur en même temps. Je voudrais avoir le courage de faire le premier pas, lui avouer mon amour. Mais j'ai peur de sa réaction, peur de son rejet. Depuis le temps qu'on se connaît, depuis le temps que je l'aime, je me dis que ce n'est pas possible qu'il ne l'ait pas deviné. Même Julien s'en était rendu compte. Et c'est ce qui avait déclenché notre séparation.

Tout en préparant un petit bagage pour la nuit, je me remémore ce dimanche soir où nous étions tous les trois assis autour de la table. Jean venait souvent, une fois notre fils Roman et son filleul Thomas, dont il avait la charge, ramenés à la pension. Ce jour-là, Julien, mal luné, s'était énervé. Nous avions eu une discussion dans l'après-midi, et l'incertitude de notre situation le rendant anxieux, il voulait brusquer les choses, obliger Jean à avouer qu'il m'aimait aussi. J'avais ri nerveusement et lui avais dit :

— Mais tu es fou ! Il ne sait rien, il ne se doute de rien !

— Tu es complètement aveugle ou quoi ? Tu ne vois pas la façon dont il te regarde ?

— Mais non, il est comme ça avec tout le monde. Avec toi aussi, il est gentil.

— Je te dis qu'il est amoureux de toi et que s'il ne s'en rend pas compte tout seul, je vais, moi, lui ouvrir les yeux !

— Et cela t'avancera à quoi de lui ouvrir les yeux, à part perdre son amitié ? dis-je, tout de même inquiète de la tournure que prenaient les choses.

— À ce que les choses soient claires !

Nous étions passés à table dès l'arrivée de Jean. C'était l'automne, la nuit était déjà tombée. J'avais fait une soupe et cuit du pain. Il était tout chaud sur la table. Julien avait retrouvé son calme. Il conversait comme d'habitude avec notre hôte. Je croyais le danger écarté quand soudain il avait dit à brûle-pourpoint :

— Je sais que Micheline est amoureuse de toi !

Si l'aspect abrupt de l'interpellation de Julien avait ébranlé Jean, il n'en laissa rien paraître. Calmement, il avait répondu :

— Qu'est-ce que tu racontes ?

— Je sais qu'elle t'aime, et je sais que tu sais qu'elle t'aime.

— Mais tu es fou ! Non, je ne sais rien. C'est quoi cette histoire ?

— Mais si, tu sais. Et moi je sais que les derniers poèmes qu'elle a écrits, c'est pour toi qu'elle les a écrits. Et ne me dis pas que tu l'ignores, je sais qu'elle t'a remis sa farde jaune avec tous ses poèmes.

Je sentais le malaise de Jean, malgré son calme apparent. Je le connaissais déjà assez bien pour reconnaître à certains signes quand il était contrarié ou nerveux.

— Je n'en sais rien si elle est jaune, cette farde ! C'est vrai qu'elle m'a donné ses poèmes à lire, mais ces poèmes d'amour ne me sont pas destinés ! Et puis zut à la fin, je ne comprends rien à vos histoires. Salut !

D'un mouvement brusque il avait repoussé sa chaise, jeté sa serviette sur la table, s'était levé, avait pris sa veste et était sorti sans un mot, nous laissant bouche bée !

J'étais tellement saisie que je l'avais regardé sortir sans rien dire, sans bouger. Sidérée par une telle réaction alors qu'il nous avait habitués à l'humour, au calme, à la discussion. Je ne le reconnaissais plus !

Julien, resté planté sur sa chaise en bout de table, lui aussi surpris par la rapidité avec laquelle sa provocation avait pris fin, ne pipait mot. Au bout de quelques secondes de silence, nous nous étions regardés et avions éclaté de rire, simultanément. Le cocasse de la situation avait pris le dessus sur les émotions qu'elle avait provoquées.

— Pourquoi ris-tu ainsi ? finit-il par dire. Ce n'est pas drôle après tout !

— Mais si, c'est drôle ! Tu te rends compte que toi, mon mari, tu annonces à ton ami que ta femme l'aime. Et qui plus est, cet ami est prêtre ! Tu lui as fait tellement peur qu'il s'est enfui en courant. C'est tellement énorme, ce que tu viens de faire, qu'on ne peut qu'en rire !

Le lendemain, j'avais appelé Jean pour m'excuser. Nous n'avions plus jamais reparlé de cet incident. Julien, d'ailleurs, me quittait peu après.

Mais le doute s'était installé. Jean ne pouvait pas faire semblant de ne pas savoir, d'autant que je n'avais pas démenti l'accusation de Julien. Cela n'avait d'ailleurs en rien entravé ma relation avec lui. Nous avions continué à nous voir, à nous téléphoner. Je consacrais quelques heures par semaine à sa permanence sociale à l'église. Lui faisait semblant de rien. Moi aussi... enfin, presque.

Plongée dans ces souvenirs désagréables, j'entends soudain la voiture se garer dans la cour. Je vais à sa rencontre, heureuse, émue comme toujours de le voir. Je l'embrasse.

— Je suis prête ! dis-je, mon sac à la main.

Il sourit et dit avec un brin de moquerie dans la voix :

— Tu as l'air bien pressée de t'en aller ! Tu veux bien me faire un petit café avant de partir ? Je n'ai pas eu le temps d'en prendre un ce matin, j'avais trop de choses à embarquer, regarde comme la voiture est chargée. J'emmène un stock de couvertures et de draps pour la maison. J'ai aussi reçu des caisses de vaisselle et de livres. Tu m'aideras à les trier sur place. Maintenant que les paroissiens savent que la maison est en fonction, je reçois toutes sortes de colis. On redistribuera ce qui est de trop.

Il sort du coffre de son break un rouleau emballé dans un horrible papier brun, ficelé par une corde.

— Je ne suis pas doué pour les emballages. Bon anniversaire ! me dit-il en me tendant le paquet, fier de lui et de la surprise qu'il lit sur mon visage.

Je l'embrasse, touchée. J'aime l'embrasser. Sa barbe est douce et me fait à chaque fois l'impression d'une caresse.

— Merci, dis-je, émue.

C'est la première fois qu'il me fait un cadeau.

Je suis intriguée par la forme du paquet. C'est lourd. J'ouvre et découvre un merveilleux petit tapis d'Orient. J'adore les tapis d'Orient ! Comment peut-il savoir ?

— Il est magnifique ! Comment sais-tu que j'aime les tapis d'Orient ?

— Je ne le savais pas. Mais comme je les aime moi-même beaucoup, j'ai pensé que tu aimerais aussi. On a tant de goûts communs ! Il sera très bien dans ta chambre, comme descente de lit.

À quoi pense-t-il donc ? C'est surprenant, un homme, qui plus est un prêtre, qui pense à ce genre de chose… M'imagine-t-il à la sortie de mon lit ? Mon esprit aussitôt se met à gamberger. Et si c'était vrai qu'il est amoureux de moi ?

Le café est prêt. Je lui sers sa tasse. J'en prends une avec lui. Je le regarde. Il parle, je l'entends à peine. Il me fascine. Comment ai-je pu tomber comme cela « en amour » alors que j'aimais passionnément et en même temps mon mari ?

Il me sourit.

— Ça va, toi ?

Je fais oui de la tête.

— Et les enfants ? Ils sont chez leur père ?

— Roman est chez un copain, et Aurélien est chez son père. Tu sais, c'est petit chez lui et ce n'est pas facile de les prendre en même temps. D'autant que l'entente n'est pas cordiale entre les frères et qu'ils ont des activités différentes, compte tenu de leur différence d'âge. Et puis, je pense que Julien est dépassé par les événements et qu'il a du mal à gérer les enfants sans moi. Je ne comprends pas pourquoi il les voit si peu. Alors qu'il peut les avoir quand il veut, aussi souvent qu'il veut. Si je ne pousse pas les enfants à lui téléphoner, lui ne bouge pas. Ça me fait mal.

— Qu'est-ce qui te fait mal ?

— Mais qu'il s'en préoccupe si peu ! Je croyais qu'ils lui manqueraient. C'était pourtant un père très attentionné quand ils étaient petits. Finalement, c'est peut-être à moi que cela fait le plus mal de l'avoir séparé de ses enfants !

— Tu ne l'as pas séparé de ses enfants. Il est parti. C'est lui l'idiot !

Il finit toujours par me faire rire.

— Allez, en route. On mangera un bout en arrivant. J'ai tout prévu et commandé le beau temps.

Je le suis, ravie.

CHAPITRE 2

Je passe l'après-midi à défaire les caisses et ranger les armoires.

Dans trois mois ce seront les grandes vacances, et la maison sera alors pleine de mères célibataires, divorcées ou à bout de souffle, et d'enfants de tous âges. C'est important pour Jean d'offrir des vacances à ces familles. C'est le seul moment de l'année où elles peuvent un peu lâcher prise, se reposer sur quelqu'un et laisser les enfants jouer sans crainte dans la nature. Si Jean avait la bonne idée de me le proposer, j'aimerais bien venir avec lui pour « tenir le poteau droit » comme il dit, dans ce caravansérail !

Je le regarde par la fenêtre. Il a fini de tondre. Il revient à grandes enjambées, son chapeau de paille toujours sur la tête par crainte des coups de soleil sur son crâne presque chauve.

— Ouf ! Je suis mort ! Tu veux bien me donner un verre d'eau pendant que j'enlève mes bottes, sinon je vais tout salir ? Après, j'irai prendre une douche.

Je lui sers un verre. Il contemple le jardin d'un œil satisfait.

— Veux-tu que je prépare le souper ?

— Bonne idée. J'ai mis dans le frigo de quoi nous rassasier et j'ai monté une bonne bouteille de la cave. Cinq minutes et je suis à toi !

J'aimerais bien… !

Je m'active. Une omelette, une petite salade, du pain, du beurre. Il a tout prévu. Je dresse la table, je trouve même des bougies. En un clin d'œil, la grande cuisine respire une présence féminine. C'est étrange de m'occuper d'un autre homme que mon mari, dans une autre maison. Je me sens comme une jeune fille, troublée par son premier dîner en amoureux.

Il redescend, tout beau, tout propre, il semble même qu'il s'est légèrement parfumé !

— Quelle délicieuse odeur, dit-il en s'asseyant. L'exercice m'a ouvert l'appétit, j'ai faim !

On est homme ou on ne l'est pas ! Avoir faim… c'est immuable chez eux, quoi qu'il leur arrive. Ma grand-mère disait : « *un homme, on le tient par le ventre et par ce qu'il a en-dessous de la ceinture !* » Elle devait savoir de quoi elle parlait apparemment, mais dans le cas présent, je dois me contenter de remplir son ventre…

Nous commençons à manger. La conversation tourne autour des prochaines vacances. À brûle-pourpoint il me dit :

— Si ton mari ne revient pas, tu pourrais passer les vacances ici avec tes enfants.

Je le regarde, interloquée.

— Comment ça, revenir ?

— Mais oui, revenir à la maison ! Ce n'est pas ce que tu souhaiterais ?

— Mais non, voyons. Il est parti, il ne reviendra jamais. Tu le connais tout de même. Foutu caractère !

— Pourtant tu as gardé ton alliance au doigt, constate-t-il avec malice.

Je regarde mon doigt où brille mon alliance. Bien sûr qu'elle est toujours là ! C'est une part de ma main. Elle est incrustée dans ma chair.

— Tu ne veux pas que j'aille lui parler ? Nous sommes amis depuis longtemps tout de même. Peut-être qu'il m'écoutera. Pour les enfants.

— T'écouter ? Mais Jean, tu rêves, il te déteste !

— Il me déteste ? Mais qu'est-ce que je lui ai fait pour qu'il me déteste ?

— Tu n'as pas compris qu'il te rend responsable de notre séparation ?

Nous abordons enfin ce sujet dangereux qui, tapi derrière notre soudain silence, tente de venir au jour. Je sens que le vin aidant, je vais oser exprimer ce que j'ai sur le cœur; cinq années de silence, de refoulement, de culpabilité, d'amour muselé.

Il me regarde de ses grands yeux bleus, et c'est la première fois que son regard s'accroche aussi profondément au mien.

— Non, je ne comprends rien. Qu'est-ce que j'ai à voir dans votre histoire ? Je ne t'aime pas et je n'ai jamais rien fait pour te séduire. Moi, je vous appréciais en couple, toi et lui, vous étiez inséparables. J'ai toujours cru que vous étiez un couple très amoureux. Je ne peux pas croire que je sois pour quelque chose dans votre séparation. Je n'ai rien à me reprocher et je ne veux pas en porter la responsabilité !

Je le sens tendu, comme si je l'accusais, lui, de m'avoir séduite.

— Tu n'es pas responsable de l'amour que j'ai pour toi. Je ne suis pas non plus responsable si cet amour m'est tombé dessus sans crier gare. Bien sûr que Julien et moi formions un couple fusionnel et passionnel. Bien sûr que je l'aimais profondément quand je t'ai rencontré ! Et je l'aimais encore quand j'ai réalisé que je t'aimais aussi !

— Mais quand est-ce arrivé ? Je n'ai rien vu venir, rien senti, rien perçu.

Je perçois son désarroi devant la révélation de cet amour qu'il refuse de toutes ses forces.

— Je t'aime, Jean, je t'aime depuis notre première rencontre, dis-je à voix haute pour la première fois.

— Mais c'était où et quand ? Je ne me souviens même plus, moi, de notre première rencontre !

— C'était dans ton église, un dimanche matin. J'étais enceinte d'Aurélien et cherchais un prêtre pour le baptême. Maman, qui venait de divorcer de mon père et à qui j'avais trouvé un logement près de chez nous, avait fait le tour des églises pour trouver une paroisse qui lui convienne. Elle avait assisté à un de tes offices et était rentrée enchantée. C'est elle qui m'a conseillé de venir te voir. Elle savait que j'avais quelques griefs contre l'Église, mais que je cherchais à y reprendre une place. Un dimanche, je l'ai accompagnée. En entrant dans cette immense bâtisse, je ne pouvais pas savoir que l'homme, le prêtre qui s'avançait vers moi, serait un jour l'homme par qui viendrait ma séparation. Jamais je n'aurais imaginé, ni cru, que Julien et moi pourrions nous quitter. Tu es venu vers nous, ton sourire éclairait ton visage et, quand tes yeux se sont posés sur moi, c'est comme si le ciel était descendu sur mes épaules, me couvrant toute entière de quiétude. Jamais je n'avais ressenti une telle paix, une telle douceur. C'est de cet instant, de ce seul instant, que mon amour pour toi est né. Mais il m'a fallu du temps et plusieurs rencontres pour réaliser que je pensais à toi constamment. Je parlais de toi à propos de tout et de rien.

Sans te voir trop souvent, j'attendais chacune de nos rencontres avec la même allégresse, le même émoi, la même impatience. C'est comme ça que Julien s'en est rendu compte. Tu sais, un amoureux ne se trompe pas sur son amoureuse. Il la connaît suffisamment pour pressentir le danger.

— Mais c'est affreux ce que tu me dis là ! Comment n'en ai-je jamais rien su ?

Je vois bien qu'il est sincère. Je l'ai complètement désarçonné.

— Tu sais, cela a duré plusieurs années avant que l'un comme l'autre, Julien et moi, nous nous rendions vraiment compte de ce qui arrivait. Il a fallu que lui aussi tombe un jour amoureux d'une autre pour qu'on en parle pour la première fois.

— Tu veux parler de ce qui s'est passé au Burundi ?

— Oui. Je me suis rendu compte très vite que le mois qu'il avait passé seul là-bas l'avait mis dans tous ses états… Les premiers jours, le climat, l'atmosphère, la séparation aidant, j'ai cru que ses demandes, disons sexuelles, s'étaient accrues à cause de cela. Mais il m'a fallu peu de choses et peu de temps pour comprendre que c'était une autre qu'il avait dans la peau et que c'était une Africaine. Un soir, je l'ai obligé à me regarder en face et à me dire la vérité. Il a d'abord nié, puis il a craqué. Il m'a dit « Tu ne sais pas ce que c'est d'aimer deux femmes ! » Je lui ai répondu du tac au tac « Mais si, je sais ce que c'est, moi j'aime deux hommes ! » Il m'a demandé « Qui est-ce ? » J'ai à peine hésité, j'ai répondu « Jean ». Il m'a alors avoué qu'il s'en doutait. Je lui ai juré que tu ne savais rien, que je ne voulais pas que tu saches. Que je ne voulais rien changer à ma vie, que c'était avec lui que j'étais mariée, que je l'aimais, mais que je n'avais rien pu faire contre ce sentiment qui m'habitait. C'était tellement dur de me sentir partagée entre deux hommes. Tu sais, je n'ai ni cherché ni provoqué cette situation et je n'avais pas besoin de ce second amour. Il a terriblement compliqué ma vie. Et en même temps, je crois que c'est cet amour pour toi qui m'a permis de me sauver de l'emprise de Julien.

J'ai les yeux qui piquent. Je sens les larmes qui reviennent. Je revis ces moments en Afrique où, seule, j'avais enduré le calvaire de sa trahison. Moi, malgré ce second amour que je portais, je ne remettais rien en cause. Mais lui, il voulait vivre quelque chose avec elle en même temps qu'il continuait à vivre avec moi. Après cet aveu, comme une bête aux abois, je me suis entendue hurler de désespoir, déchirée par un horrible sentiment d'abandon. Je me sentais larguée, jugée, rejetée.

Désespérément seule dans un pays où je ne connaissais personne et en plein coup d'État ! Le pire avait été que, face à ma douleur, il se montrait inflexible. Moi, je me terrais dans la salle de bain pour que les enfants ne m'entendent pas pleurer, et lui essayait de m'en faire sortir par la force. J'avais eu droit à une litanie stupéfiante de reproches. Chaque nouvelle critique m'assommait un peu plus. Je me souviens de cette souffrance comme si c'était hier. Je croyais que j'allais mourir. Je me sentais plongée dans un trou, sans moyen d'en sortir. C'était affreux comme sentiment. La panique me faisait perdre tous mes moyens. Il partait chaque jour, sans se retourner, me laissant accrochée aux barreaux de la grille, le suppliant de rester. Il me lançait, pressé de s'en aller : « *Il faut que je la voie, je dois la voir, elle a besoin de moi !* » Et moi, je ne sortais de mon hébétude que quand un des enfants me tirait par la main.

Quelle déchirure ! Je la sentais bien, cette blessure lovée dans mon ventre, mais je l'avais occultée pour me battre, pour le garder. Je ne savais pas que le mal était fait et irréversible. Déjà, à ce moment-là, quelque chose s'était brisé définitivement dans mon amour pour lui.

Mais ce n'est que des années plus tard, au moment de la séparation que je m'en suis rendu compte.

Jean me regarde sans dire un mot, respectant l'émotion qui m'étreint.

— Tu te souviens de mon retour ? dis-je, après un lourd silence.

Il incline la tête. Il se souvient. Dans ses yeux, je vois que c'est de m'avoir vue pleurer pour la première fois dont il se souvient, mais aussi de sa colère à l'égard de Julien. Je crois qu'à l'époque, s'il avait été là, il l'aurait sérieusement secoué.

— Je m'en souviens très bien, dit-il.

— Tu es la seule personne à qui j'ai osé dire la vérité. Je rentrais seule avec les enfants et j'avais honte.

— De quoi avais-tu honte ? C'est lui qui devait avoir honte !

Je ris.

— Le pire, avec lui, c'est qu'il n'a jamais eu honte. Pour rien. Rien n'a jamais été de sa faute. C'était toujours de la mienne. J'avais honte de mon échec. J'avais honte de dire qu'il était resté là-bas pour une Africaine. Tu sais, j'ai pris en plein cœur le fait qu'il aimerait avoir un enfant d'elle. Il m'a même dit : « Elle et moi, ensemble, on ferait un bel enfant » ! Je me suis sentie avilie, moi qui avais porté deux enfants de lui. J'ai pris ça comme un reproche d'être blanche, nulle, incapable de l'aimer avec mon corps comme elle semblait savoir le faire. Oui, je me suis sentie rabaissée, humiliée et j'ai douté de moi. J'ai cru que personne ne saurait jamais rien si je me taisais. J'ai menti. Mal apparemment, puisque ma famille a compris, mais respectait mon silence. Alors je n'ai vu que toi à qui raconter mon drame. Tu m'as accueillie, écoutée. Tu m'as même préparé à manger. De la choucroute… je me souviens bien !

Je ris à nouveau, de quoi faire retomber l'émotion, mais à chaque fois que cet épisode refait surface, je ressens mon désespoir comme si c'était hier. Ma chair, mon cœur, ma mémoire en sont incrustés d'une marque au fer rouge. Et puis, l'humour m'en sort toujours.

— Tu sais, porter deux amours en même temps, c'est quelque chose d'unique, d'extraordinaire certains jours et d'effrayant d'autres jours. Ces amours étaient pour moi compatibles, parce que différentes. Toi, je t'aimais d'un amour solide, profond, rassurant. Tu me pacifiais. Lui, c'était un amour extrême, brûlant, explosif, toujours plus dangereux. C'était un volcan en perpétuelle ébullition. Avec lui, je me perdais, je m'anéantissais. À rester dans son ombre, je me serais éteinte, je serais morte. Il m'aurait détruite parce qu'il m'aimait pour lui, pas pour moi. Toi, il suffit que tu poses les yeux sur moi pour que je me sente vivre autrement.

Jean me regarde. Mon Dieu, ses yeux ! Je m'y perds comme dans un lac. Si je pouvais m'y noyer, y trouver la source de purification, boire jusqu'à plus soif de leur tendresse ! Le silence est troublant. Il paraît gêné. Sans doute parce que ma dernière déclaration le met mal à l'aise.

— Je ne peux rien te donner, dit-il avec une grande douceur dans la voix et le regard. J'ai fait un vœu et j'entends le respecter. Je ne peux pas t'empêcher de m'aimer. Mais respecte mon choix. Si c'est trop dur pour toi, on ne se verra plus. Si tu acceptes de me laisser vivre mon célibat, alors, je reste à tes côtés. J'apprécie ta compagnie, ta joie de vivre, ton engagement social. C'est vrai que j'aime la présence d'une femme à mes côtés, mais elle ne peut pas être d'ordre sentimental ou sexuel. C'est sûrement égoïste de ma part, mais j'aimerais te garder comme amie. Si c'est trop difficile pour toi, je comprendrai, ajoute-t-il à regret.

— Jean, voilà sept années que je vis avec cet amour enfoui dans mon cœur. Tu ne crois pas que je pourrai encore vivre ça quelques années de plus ? Tu ne crois pas que ce sera plus facile maintenant que tu es au courant ? Je ne veux pas perdre notre amitié. Tu sais, une fois, une seule fois, je me suis dit : « S'il me prend dans ses bras maintenant et qu'il me dit qu'il m'aime, je quitte Julien ». Si tu l'avais fait, je ne serais pas partie le rejoindre en Afrique. Deux jours avant mon départ, tu étais venu me dire au revoir. Julien était parti depuis un mois et me demandait de le rejoindre avec les enfants pour y construire une nouvelle vie. C'est la seule fois où j'ai hésité entre toi et lui et où j'aurais été prête à le quitter. Mais il aurait fallu que tu me le demandes. Tu n'as rien vu et tu n'as rien dit. Je suis partie loin de toi, en sachant que je ne te reverrais plus avant très longtemps. J'étais déterminée à te blottir soigneusement dans un petit coin de mon cœur et à te garder là, ad vitam. Mais aujourd'hui, rien ne m'oblige plus à ce sacrifice. J'ai besoin de te garder près de moi et, si tu acceptes mon amour, même sans le partager, c'est déjà un pas vers un nouveau bonheur et un début de reconstruction intime et personnelle.

— D'accord, dit-il pour couper court à tout nouvel épanchement. Maintenant, allons dormir.

Nous montons. Je prépare mon lit dans une des petites chambres au bout du couloir. Ce sont presque des cellules monastiques ! Il a voulu la maison ainsi : de grands espaces pour les lieux communs, des espaces restreints pour dormir, obligeant par ce fait les pensionnaires de la maison à se rencontrer et à vivre ensemble. Lui s'est réservé une partie privative, avec chambre, bureau, coin télé-bibliothèque pour préserver son intimité. C'est l'endroit où il se retire quand la marmaille fait trop de bruit.

Il sort de sa chambre au moment où je sors de la douche. Nous sommes surpris de nous retrouver face à face en tenue… légère ! C'est la première fois. Il rougit, mal à l'aise.

— Jean ?

— Oui ?

— Je voudrais dormir avec toi !

— Non !

— Mais pourquoi ? Juste dormir… près de toi.

— Non. Si tu dors avec moi, il pourrait se passer des choses que je ne souhaite pas. Je suis un homme après tout !

— Mais je ne demande pas mieux, moi ! dis-je en riant.

Heureusement qu'il a de l'humour. Il me serre contre lui, puis me repousse par les épaules.

— Demain, on le regretterait, et je ne le veux pas. Bonne nuit, Micheline.

Je retourne dans ma chambre, furieuse d'avoir été repoussée, honteuse aussi de l'avoir provoqué.

CHAPITRE 3

Le retour est maussade. Peu habitué à mon silence, Jean ne sait pas quoi dire pour me dérider. Finalement, c'est mon amour-propre qui est blessé de m'être abaissée à mendier une nuit avec lui. Je suis seule responsable de ma mauvaise humeur.

Devant la maison, je sors de la voiture, boudeuse. À peine un baiser du bout des lèvres et un «*merci, à bientôt*». Pas non plus de petit café. Je jette mon sac sur le canapé, je cours à la salle de bain et m'enduis les mains de savon liquide. Voilà mon obsession depuis la remarque de Jean hier soir: il faut à tout prix que j'enlève mon alliance. C'est vrai que cela n'a plus de sens de la garder. Nous avons tenté plusieurs fois de revivre ensemble, Julien et moi, et le constat est toujours le même: nous ne nous supportons plus. Pourtant, il y a toujours beaucoup d'amour entre nous. Je n'ai aucun doute sur les sentiments qu'il me porte et sur ceux qui m'habitent encore, mais il m'étouffe. Quelque chose est brisé en moi, qui fait que je ne suis plus prête à le suivre comme une ombre. Et je sais que si j'accepte de revivre avec lui comme avant, j'en mourrai.

Je frotte mon annulaire. Je parviens juste à faire tourner l'alliance autour de mon doigt. Ce n'est pas gagné! Dix-sept ans de mariage, ça ne s'arrache pas comme ça. Cela fait mal mais insensiblement, l'anneau remonte. Il s'arrache enfin de mon doigt, et je l'ai dans la main. Il semble si fin, si petit, lui qui pourtant pesait tant sur ma vie ! Par contre, la marque qui reste est profonde, comme une seconde alliance. Cette union m'a marquée dans ma chair, par les enfants que j'ai portés, par le poids de son corps, par l'abandon que j'avais fait du mien. Chaque parcelle de ma peau est amputée d'une parcelle de la sienne. C'est dur à vivre, ce sevrage. Cette fois, les larmes coulent en abondance. À gros sanglots, j'exhale mes regrets, mes déceptions, mes manques. Assise sur les marches de l'escalier, je crie à pleins poumons. Entendre le son de ma voix me calme peu à peu. Est-ce bien moi qui hurle comme ça ? Je me libère d'un trop-plein d'émotions, car je ne veux pas me laisser aller devant les enfants.

Je reprends mon souffle, je ris même ! Et si quelqu'un m'avait entendue ? Je passe mon visage sous l'eau, car les enfants vont sans doute rentrer bientôt.

Heureusement que Julien n'est jamais à l'heure. Quand il arrive avec Aurélien, j'ai retrouvé un visage serein, une apparence détendue.

— Salut, dit-il en entrant. J'ai essayé de t'appeler toute la matinée, mais en vain.

— Que voulais- tu me demander ?

— Rien de spécial. Te dire vers quelle heure je ramenais Aurélien. Tu faisais quoi ?

Je sais qu'il me pose cette question pour essayer de savoir si j'étais avec Jean. Mais je ne veux plus lui répondre. Cela ne le regarde plus. Aurélien entre au moment où je vais renvoyer mon mari à ses affaires.

— M'man, je peux jouer chez Marie et Samuël ?

— Et mon bisou ?

Il saute dans mes bras et me serre très fort. Petit bonhomme ! Comme son amour me fait du bien. Il vient d'avoir huit ans. Son frère en a quinze. Ce n'est pas facile pour eux. Ils adorent leur père et n'ont rien compris à ce qui nous arrive.

Bien sûr, ils étaient habitués à son caractère vif et facilement emporté. Mais ils savaient à quel point nous nous aimions et qu'après chaque coup d'éclat, nous étions repartis pour un nouveau tour. Même si ces tours nous avaient fait voyager à travers la Belgique, l'Afrique et l'Asie...

— Allez, file, mais reviens pour souper !

— Ok.

— Où est Roman ? demande Julien.

— Chez Bob. Il reste manger là. Les parents le ramèneront.

— Il ne repart pas ce soir à l'internat ?

— Non, j'irai le conduire demain matin à la gare. Je ne l'ai pas beaucoup vu ce week-end.

Comme je ne fais pas mine de l'inviter à rester, oubliant qu'il n'est plus chez lui, mais chez moi, il enlève sa veste, va vers le buffet et dit, sans se retourner :

— Un petit verre ? Oui, volontiers !

Il a cette manie de faire les questions et les réponses. Je ne suis pas sûre que ce soit à moi qu'il pose la question, mais c'est une façon de m'obliger à lui offrir à boire. Je n'ai pas beaucoup le choix !

— Qu'est-ce que tu veux ?

— Un petit whisky. Tu as ?

— À cette heure ?

— C'est l'heure de l'apéro, non ? Je suis mort ! Nous sommes allés nager, puis nous balader. À propos, j'ai mis la voiture un peu plus loin dans la rue. Je t'ai refait un plein d'essence.

Depuis notre séparation, j'ai gardé les enfants et la voiture. C'est d'un commun accord que nous avons pris cette décision. Il a droit autant que moi à garder les enfants mais, comme il travaille et moi non, nous avons convenu que je les gardais, ainsi que la voiture, mais qu'il les voyait quand il le voulait et employait la voiture quand il en avait besoin. Pour le reste, il se déplace à vélo.

— Je ne retrouve pas un câble de ma chaîne stéréo. Je me demande s'il n'est pas resté dans la bibliothèque de la chambre. Tu permets que j'aille voir ?

Ça, c'est une excuse pour aller voir dans la chambre s'il n'y a pas la trace d'un autre homme. Il n'y a pas de trace d'homme, et pour cause, mais il y a… un petit tapis… qui n'y était pas avant ! Un léger frisson me parcourt l'échine.

Il crie de loin :

— C'est nouveau ?

— Quoi ?

— Le tapis.

J'arrive dans la chambre.

— Oui, c'est ma tante Yvette qui me l'a donné pour mon anniversaire. Elle vide son appartement avant d'entrer dans la maison de repos.

Elle a bon dos, la tante Yvette. Mais c'est cohérent. Je me prends au jeu.

— Il est beau, hein ?

— C'est toi qui es belle !

Interloquée par sa remarque abrupte, je n'ai pas le temps de répondre qu'il s'approche de moi, me prend contre lui et s'empare de mes lèvres. S'emparer, c'est vraiment le mot qui convient avec lui. Il ne demande pas, il prend, il se sert. Et moi, j'ai aimé ça longtemps, trop longtemps. Malheureusement, mon corps garde en mémoire la passion qu'il a fait naître en lui, et je n'ai pas la force de me refuser. Je gémis sous la force du baiser. Je tente de le repousser, en vain, il me couche... sur le tapis ! Je n'ai ni le temps de refuser, ni celui d'argumenter que déjà il s'empare du reste de mon corps qui, reconnaissant son maître, s'abandonne, vaincu, à l'assaut.

Finalement, la situation a quelque chose de cocasse : faire l'amour avec un homme sur le tapis offert par un autre !

Nous n'avons pas fini de reprendre notre souffle que j'entends la porte qui s'ouvre et la voix de Roman qui appelle :

— M'an ? Tu es là ?

Julien et moi éclatons de rire en même temps. C'est là toute notre complicité retrouvée.

— On est là ! dis-je, en reprenant mon souffle. J'arrive.

Je crie pour qu'il n'entre pas dans la chambre et qu'il nous laisse le temps de nous rhabiller.

— Papa est là ? Mais qu'est-ce que vous foutez ? Il hausse les épaules. Je ne comprends rien à vos histoires, moi. Dis, Pa, le week-end prochain, tu veux bien venir avec moi voir Bob à son match de basket ?

— Tu ne sais pas aller avec eux ? demande-t-il, peu emballé.

Julien n'est pas sport du tout (à part celui en chambre).

— Non, répond Roman, la voiture est pleine, et c'est à Louvain-la-Neuve.

— De toute façon, dis-je à Julien, je voulais te demander si tu pouvais venir t'installer ici quelques jours parce que ma mère m'offre un petit voyage pour mes quarante ans.

Une façon de lui faire remarquer qu'il a royalement oublié mon anniversaire. Il a d'ailleurs toujours confondu les dates.

— Et vous allez où ? demande-t-il.

— En Italie.

— À Rome ?

— Non, à Livourne…

— Ce n'est pas vrai ! Elle s'est enfin décidée !

— Oui, je pense qu'avant de mourir, elle voudrait se rendre dans ce coin d'Italie qui est le berceau de sa famille.

— Mais elle ne sait rien de l'endroit où l'ancêtre a été abandonné, ni de celui où il a grandi. Qu'est-ce qu'elle va y chercher ?

— Je ne sais pas, moi. Simplement voir, sentir, respirer ce lieu qui l'a vu naître. Ressentir peut-être le drame de son abandon ? Je n'en sais rien, mais je l'accompagne. J'ai autant envie qu'elle d'y aller.

— Mais vous n'avez aucune chance de trouver quoi que ce soit ! En cent ans, tout a dû changer !

Il a toujours été très terre-à-terre.

— Mais on s'en fout ! Le principal pour elle, c'est de fouler le sol de ses ancêtres. Qui sont aussi les miens, d'ailleurs !

Bien sûr que depuis des générations, le mystère de la naissance et de l'abandon de «l'ancêtre italien» a fait couler beaucoup d'encre et suscité beaucoup de légendes. Cette longue lignée d'artistes, sculpteurs, chanteurs, peintres, poètes, où prend-elle naissance? Quelque chose a été transmis, indéniablement. Qui donc étaient-ils, ces parents «abandonnants», et pourquoi avaient-ils abandonné ce nouveau-né?

Sur l'acte officiel de la déclaration de naissance de mon arrière-arrière-grand-père, il est inscrit «de père et de mère inconnus». Cela a donné lieu à la légende familiale selon laquelle cet enfant abandonné serait le fruit d'un amour illicite entre l'évêque du lieu et une femme de l'aristocratie. En raison de la finesse du linge, des ragots de l'époque? Rien ne vient, un siècle plus tard, accréditer cette histoire. Mais maman y croit dur comme fer. Moi, cela ne me dérange pas d'être une arrière-arrière-petite-fille d'évêque... C'est peut-être moi qui mettrai fin à ce «secret de famille» transmis depuis quatre générations. Tout commence par un prêtre... tout peut finir par un prêtre!

Je ne croyais pas si bien dire!

— Et tu pars quand?

— Nous partons jeudi et rentrons le mardi suivant. Tu veux bien?

— Ok.

— Bien. On va fêter ça! Tu restes manger avec nous?

— J'allais m'inviter, mais puisque c'est toi qui l'offres... j'accepte avec d'autant plus de plaisir que je sens que ton invitation vient du cœur!

Il se moque? Je ne relève pas la pique.

— Tant qu'on est dans les bonnes nouvelles : j'ai reçu une lettre des logements sociaux. Ma candidature est acceptée. J'ai cumulé un maximum de points de préférence, étant séparée avec deux enfants, sans revenus et priée par mon propriétaire actuel de vider les lieux.

— Il y a combien de chambres ? demande Roman.

Il aimerait bien avoir sa chambre à lui. Il faut dire que cela fait plusieurs années qu'il en partage une avec Aurélien.

— Il y en a trois.

— Génial ! J'aurai la mienne alors ?

— Oui. Mais je n'ai pas encore vu l'appartement. Je sais seulement que le quartier n'est pas mal, et c'est dans la commune de mon enfance. À côté du cimetière où sont enterrés mes deux grands-mères et mon grand-père. C'est un bon signe !

— Pourquoi ? C'est sinistre, un cimetière, dit Roman avec un air dégoûté.

— Mais pas du tout ! La mort fait partie de la vie. Ils sont morts vieux et ont eu une belle vie. C'est important pour les vivants d'avoir un lieu où faire leur deuil. Regarde ta grand-mère, elle va en Italie à plus de soixante-dix ans pour chercher quelque chose qui lui a manqué toute sa vie : ses racines. Moi, j'ai la chance d'avoir connu mes ancêtres, de savoir où ils sont et de pouvoir encore soigner leur tombe. C'est une façon de leur dire qu'on les a aimés et qu'on pense encore à eux. C'est aussi une façon de leur dire merci pour ce qu'ils nous ont transmis. Quand ma grand-mère maternelle est morte, deux ans après son mari, j'avais douze ans. J'étais en stage de vacances pour apprendre le flamand à Bruges. Ma mère n'a pas voulu me troubler et, par conséquent, ne m'a pas prévenue. Je l'ai appris quand ils sont venus me chercher. Tout était terminé. Je n'ai pas assisté à son enterrement. Et je t'assure que je le regrette amèrement. J'adorais ma grand-mère et j'aurais eu besoin de vivre ces événements avec ma famille. J'en ai terriblement voulu à mes parents de m'avoir tenue à l'écart. Mes frères et sœurs aussi d'ailleurs.

— En tout cas, moi, dit Roman, je veux être brûlé! Je n'ai pas envie de courir le risque d'être enterré vivant!

On rit.

— Ne riez pas! J'ai lu des bouquins où on raconte qu'en ouvrant des cercueils après des années, on a trouvé des traces de griffes. Des gens qu'on avait enterrés vivants! Vous vous rendez compte, l'horreur?

— Mais ça n'arrive plus maintenant! Il y a des tas de façons scientifiques et médicales pour s'assurer qu'un mort est bien mort. C'est d'ailleurs la raison pour laquelle on n'enterre jamais avant plusieurs jours. Cela permet éventuellement au mort de se réveiller.

— Ha, ha! Très drôle!

Roman est vexé qu'on ne le prenne pas au sérieux.

— Tu ferais mieux de lire moins d'horreurs, dit son père. Tu aurais moins d'imagination et tu te ferais moins peur. Moi, à ton âge…

— Bon, dis-je, sentant monter la confrontation, va chercher Aurélien chez Marie. On mange.

Il n'y a rien à faire. Dès qu'on se met à discuter, Julien doit avoir raison et rabroue systématiquement son fils. Surtout Roman. Aurélien, lui, est encore trop jeune. Quoiqu'il n'ait pas sa langue en poche. Mais je sais qu'il souffre de la brusquerie de son père. Souvent, il n'est pas encore arrivé au bout de sa phrase ou de son explication que, déjà, il se fait couper la parole. On en deviendrait muet… ou bègue !

— C'est vrai quoi, dit Julien, il y a mieux à lire que toutes ces horreurs ! Moi, à son âge, j'étais plongé dans des livres d'expériences, de sciences, d'histoire.

— Stop, Julien, stop. Tu n'es pas venu pour t'engueuler avec nous. D'accord ? On mange calmement en famille ou tu t'en vas !

Il n'a pas l'habitude que je lui réponde. Il me regardé étonné, mais change de sujet.

— À propos, tu as enlevé ton alliance ?

Tiens, il a vu !

— Oui.

— Nous sommes toujours mariés !

— Tu ne manques pas d'air ! Dois-je te rappeler où se trouve la tienne ?

— Je te l'ai dit, on me l'a volée à Bujumbura.

— Je n'ai jamais cru à ton histoire. Tu voulais avoir les mains libres après mon départ et l'as jetée !

— Tu es folle, ma parole. Je te dis qu'on me l'a volée avec mon sac.

— Et qu'est-ce qu'elle faisait dans ton sac au lieu d'être à ton doigt ?

— Question d'hygiène quand on va dans les camps.

— Bois ton whisky, question d'hygiène ! Ça rincera ta gorge de tes mensonges.

— Tu es bien agressive !

— Tu n'as pas à te plaindre de moi, il me semble !

— Oui, c'est vrai, ton accueil était… réceptif et chaleureux. On recommencera !

Nous n'avons jamais recommencé.

CHAPITRE 4

J'arrive dans le hall de l'aéroport. Maman est là, bien trop tôt, à son habitude. Elle nous a élevés avec cette règle d'or : « *L'exactitude est la politesse des princes* ». Sans doute pense-t-elle à son ancêtre « prince »... de l'Église !

— J'ai bien cru que tu ne viendrais pas ! dit-elle en regardant sa montre.

— Mais enfin maman, si je te dis que je viens, je viens !

Je ne vais pas commencer à m'énerver. Ce voyage est important pour moi. J'ai besoin de faire certaines mises au point avec elle. Mises au point que j'aimerais obtenir depuis des années sans jamais y parvenir. Ce n'est pas faute d'avoir essayé, mais elle a toujours fui les confrontations. Elle doit avoir peur de remettre en question son « infaillibilité ». Si je suis partie deux ans en Afrique, c'était aussi pour la fuir. Fuir surtout cette souffrance de plus en plus pénible, née de notre incompréhension mutuelle, de son intolérance, de son agressivité.

Donc, je suis bien décidée à mettre à profit ce voyage où nous serons obligées, dans ce tête-à- tête de cinq jours, d'échanger quelques idées ! Je n'ai pas l'intention de la laisser monologuer ou de la laisser détourner la conversation dès que ça sent trop le soufre à son goût.

— Bien, dis-je, tu as tous les papiers ? On peut passer le contrôle ?

— Déjà ? répond-elle. Attendons encore quelques minutes ici, on est bien, et je suis fatiguée.

— Maman, ça va ? Je m'inquiète.

Ce n'est pas son habitude de se plaindre. Je la regarde mieux. Elle est pâlotte. Mais avec son teint de brune, c'est difficile de la trouver vraiment blanche. Elle détourne les yeux.

— Oui, oui. J'ai mal dormi la nuit dernière. Je n'ai pas très bien digéré. Mais ça va aller. Quelques minutes et ça ira. Je suis bien ici.

— Maman, si ça ne va pas, il est encore temps de renoncer. On annule et on rentre. Ce n'est ni grave, ni compliqué.

— Non, pas question ! Livourne m'attend !

Allons bon, il ne manque plus qu'une scène à l'italienne ! Il faut dire qu'elle s'y connaît pour jouer la comédie : elle était cantatrice. Toute notre enfance a été ponctuée par des « *Carmen, premier acte, scène IV* » ou « *Rigoletto, acte II, scène III* ». Tout était prétexte à se donner en spectacle… mais elle n'avait plus que nous comme spectateurs et quelques amis qu'elle réunissait de temps en temps pour faire de la musique.

— Bien, c'est quand tu veux.

— On y va ! dit-elle d'un ton qu'elle croit encourageant, mais qui a plutôt tendance à m'effrayer.

Je la mène au contrôle des billets où, égale à elle-même quoi qu'il arrive, elle parvient à lancer une tirade au contrôleur, qui reste imperméable à son humour. On dirait que ça va mieux. Tout en marchant doucement, je cherche la porte d'embarquement.

Je ne me souvenais pas que ces couloirs étaient interminables à ce point. Je ne la presse pas, on a tout le temps. Arrivées devant la porte indiquée sur nos billets, je constate que la destination n'est pas Milan. Je me dis qu'il est trop tôt, nous nous asseyons pour attendre. Le temps passe, rien ne s'annonce. Dix minutes avant l'heure prévue pour le décollage, c'est un autre vol qu'on annonce et qui va embarquer. Je commence à m'inquiéter. Je me précipite pour vérifier sur le téléviseur. La porte d'embarquement pour Milan a changé ! Je n'ai rien entendu. Je cours chercher maman. Comment faire, à l'allure où elle va, pour parvenir à temps à la nouvelle porte d'embarquement qui se trouve de l'autre côté du terminal ? J'avise une chaise roulante, je plaque littéralement maman dedans et je me mets à courir. À cet instant, j'entends dans les haut-parleurs : « *Les passagères Maca et Parentani sont attendues porte d'embarquement 49* ». On vient, on vient ! ai-je envie de crier. Me voilà au pied d'un escalator pour descendre un étage. Misère, je ne peux pas descendre avec cet engin ! Un passager derrière moi m'indique un ascenseur. La voix continue d'appeler : « *Les passagères Maca et Parentani sont attendues de toute urgence porte d'embarquement 49* ».

J'arrive enfin devant le dernier contrôle, essoufflée.

— C'est vous, les passagères Maca-Parentani ?

— Oui, désolées, mais nous attendions à une autre porte.

— Ne vous inquiétez pas. Votre maman peut marcher ? Il faut laisser la chaise ici.

— Oui, oui, allez, viens maman, on embarque !

Pendant tout le vol, maman somnole. Elle qui, d'habitude, casse les oreilles à qui veut l'entendre est pour l'instant dans le cirage. Bon, tant mieux, je vais pouvoir récupérer de ma course effrénée en chaise roulante et du stress causé par la peur de rater l'avion.

À Milan, je cherche le bon bus pour aller de l'aéroport à la gare. Nous prendrons ensuite une correspondance pour Gênes, puis nous trouverons un moyen d'arriver jusque Livourne. En attendant, maman me suit docilement. Elle n'est pas dans son état normal. Pourvu qu'elle ne fasse pas un malaise, ici, en Italie. Je ne parle pas un mot d'italien, moi, c'est elle qui le parle couramment, mais pour l'instant elle semble assez confuse.

Je trouve le bon bus. Je l'installe.

Le trafic à Milan est étourdissant, et la façon de conduire rendrait malade n'importe quel estomac mal accroché. J'aimerais autant que ce ne soit pas celui de maman ! Heureusement, le trajet n'est pas long.

Je découvre la gare de Milan. C'est la première fois que j'y entre. Elle est impressionnante, et en temps normal j'aurais du plaisir à la découvrir. C'est tout un passé, révolu mais grandiose et magnifique qui s'expose à nos yeux de touriste. Mais je regarde maman et préfère ne pas m'attarder face à l'architecture, il vaut mieux prendre nos billets et trouver le bon quai.

Il nous faudra patienter un assez long moment, nous venons de manquer un train. Sur le quai, la chaleur monte, il est midi et il n'y a pas de banc ! Je fais boire maman, car cette chaleur l'abrutit un peu plus. Je tente un dernier essai pour la convaincre d'abandonner.

— Tu ne veux pas qu'on rentre, maman ?

— Non, non, ça va. Je serai mieux quand on sera dans le train.

Abandonner ? Ma mère ? Jamais ! Elle m'avouera plus tard qu'un jour son médecin lui avait demandé : « *Quand vous vous rendez compte que vous faites fausse route, que faites-vous ?* » Et elle, très fière, lui avait répondu du tac au tac : « *Je continue !* »

— Tu veux que j'aille te chercher un sandwich ?

— Je n'ai pas faim.

Ça aussi, c'est nouveau… et inquiétant.

Le train arrive enfin. Je l'installe dans un coin de la banquette et, à peine en route, elle s'endort. Je ne l'ai jamais vue comme ça ! Mais je respire de la voir reprendre des forces en dormant.

Je la regarde. Elle est encore très belle, elle ne fait pas son âge avec ses cheveux bien bruns, juste éclaircis par quelques fils d'argent. Sa peau est à peine ridée, ses traits sont fins, sa bouche est mince et exprime bien son caractère déterminé. Depuis sa séparation avec papa, elle a maigri. Et si quelques rides seulement marquent le coin de ses yeux, ce sont les rides de son chagrin. Elle n'a jamais accepté son divorce, ni la vente de la maison. Mais elle a refait courageusement sa vie, et c'est sans doute sa passion pour la musique qui lui a permis de tenir debout. Par contre, cet échec n'a pas amélioré son caractère…

Je finis par fermer les yeux aussi et, bercée par le ronronnement du train, je m'endors.

À Gênes, je décide de prendre un taxi jusqu'à l'hôtel. Maman applaudit à mon idée : l'hôtel est loin du centre, sur la digue, en bord de mer.

À notre arrivée, c'est déjà l'heure du souper, et le directeur nous propose de prendre le repas dans la salle à manger avec vue sur la mer. Maman refuse, elle veut se coucher. Je ne veux pas lui montrer que je commence à avoir peur. Je la couche, lui donne à boire et me rends seule à la salle à manger. Seule, vraiment toute seule, car le restaurant est complètement vide.

Je suis assise devant la fenêtre et regarde la vue magnifique sur la baie de Gênes. La situation a été très tendue, et me retrouver, moi, seule à table et elle dans son lit est tellement surprenant que je me mets à rire. Si Jean me voyait... Lui qui nous imagine sans doute nous promenant dans Gênes ou attablées dans un bon restaurant. J'aimerais tellement qu'il soit près de moi, j'aurais moins peur. J'ai subitement envie de pleurer. J'avale mon repas sans savoir ce que je mange. Je n'ai qu'un désir : entendre sa voix rassurante. Je ne veux pas téléphoner de la chambre. Même si je doute que maman puisse suivre ma conversation dans l'état où elle se trouve, je crois qu'elle ne sait rien des sentiments que j'éprouve pour lui et ne veux pas prendre le risque qu'elle l'apprenne. Après tout, c'est SON curé, et j'ai peur de la choquer. Je trouverai bien une cabine dehors, et il est trop tôt de toute façon pour me coucher. J'ai besoin de marcher, de respirer, d'emplir mes poumons de cet air marin qu'ont respiré mes ancêtres.

Je m'assure d'abord qu'elle s'est endormie. Elle ouvre un œil quand j'entre dans la chambre.

— Tu as bien mangé ? demande-t-elle, à moitié intéressée.

— Oui, maman. Tu es sûre que tu n'as envie de rien ? Tu sais, ils sont charmants à la réception et désolés de te savoir malade. Ils sont prêts à t'apporter dans la chambre ce que tu voudras.

— C'est gentil, mais je n'ai pas faim. Donne-moi un peu d'eau.

Pendant que je lui donne son verre, je la préviens doucement :

— Je vais aller faire un tour sur la digue. Tu veux bien ? Je n'en ai pas pour longtemps, mais j'ai besoin de me dégourdir les jambes.

— Bien sûr, va, ma chérie.

Ma chérie ! Voilà quarante ans que j'attends ce mot, et il faut l'entendre dans un moment pareil! Maman a été une mère admirable pendant notre enfance et notre adolescence. Elle a veillé à ce que nous recevions une éducation la plus complète et la plus artistique possible, mais, pour ce qui est des manifestations de tendresse, elle était plutôt restrictive. Je n'ai aucun souvenir de baisers ni de câlins. Je me souviens par contre de fêtes, de concerts, de soirées dansantes, de carnavals, de longues discussions sur toutes sortes de sujets… mais jamais elle ne nous a pris dans ses bras pour soigner une blessure ou une peine de cœur. Nous avions en elle une pleine confiance, une grande admiration, mais n'éprouvions aucune tendresse. Ce n'était qu'un juste retour des choses…

Elle nous avait toujours dit qu'elle avait cessé de nous embrasser quand nous étions en âge d'entrer à l'école. «*L'école m'a volé mes enfants!*» avait-elle l'habitude de dire. Après, ce fut le tour de nos maris de nous voler à elle. Elle a bien essayé de faire mainmise sur les petits-enfants qui arrivaient chez les unes et les autres mais, chacune à notre façon, nous avons pris la distance nécessaire pour garder et élever nos poussins sans elle. Surtout moi, qui étais la première à mettre au monde deux garçons dans ce gynécée.

L'attachement profond que j'avais pour elle, avec le temps et les déceptions accumulées, s'était transformé en reconnaissance, en respect, en admiration, mais toujours sans la moindre parcelle de tendresse. Cela me faisait pourtant tellement mal d'en manquer, et si j'avais accepté de l'accompagner dans ce voyage, c'était avec, au fond de moi, l'envie d'arriver à toucher une émotion qui nous libèrerait de nos frustrations. Car si j'étais frustrée, je pouvais imaginer qu'elle l'était aussi.

Je la laisse somnoler et la confie aux bons soins du réceptionniste de l'hôtel. Le soir n'est pas encore tout à fait descendu, et j'ai un plaisir infini à regarder la mer. Le soleil se couche, et les lumières s'allument un peu partout. Au loin, sur la mer grise, j'observe un bateau : on dirait une frégate corsaire ! Cela semble étrange en cette fin de vingtième siècle et donne à mon voyage un côté irréel. Malgré mes soucis du moment, je ne peux m'empêcher de sourire de tous les imprévus qui ont jalonné ma journée et ai une sérieuse envie de partager mes aventures avec Jean.

Je cherche une cabine téléphonique d'où je pourrais l'appeler. Je suis sûre qu'il ne s'attend pas à un coup de fil de ma part.

J'ai, par précaution, activé avant mon départ un système de code qui me permet de téléphoner de l'étranger et d'être facturée en rentrant, à un tarif avantageux.

C'est avec beaucoup d'émotion que je décroche le combiné et que je forme le numéro de Jean. Le signal est occupé ! J'attends cinq minutes, je recommence. Toujours occupé !

Je me remets en route. Je trouverai bien une autre cabine sur la digue. J'en profite pour respirer à pleins poumons. Je suis chargée d'adrénaline. Marcher me calme, respirer me détend. J'arrive à la cabine suivante. Je reforme le numéro. Il faut dire que ce système de code est pratique, mais il s'agit d'être concentré. Ce qui n'est pas mon cas. Je dois m'y reprendre plusieurs fois avant d'entendre résonner le signal. Enfin, c'est libre ! Quelques sonneries, et j'entends sa voix :

— Allô j'écoute.

Comme c'est bon de l'entendre ! Toute émue, je dis :

— C'est moi !

Silence.

— Tu n'es pas partie ? demande-t-il, étonné.

— Mais si, je t'appelle d'Italie.

— Tu es folle ? Mais ça va te coûter une fortune !

Voilà bien son côté… économe !

— Mais non, j'ai une carte à tarif réduit.

J'abrège mon explication, car la technique et lui ne sont pas copains.

— Tout va bien ? C'est marrant de t'imaginer si loin ! dit-il en riant.

— Pour moi, ce n'est pas vraiment marrant, tu sais. Maman est malade.

— Un malaise ?

— Je ne sais pas. Elle n'était déjà pas bien au départ. Mais elle n'a pas voulu renoncer, tu la connais.

— Ça va aller, ne t'inquiète pas. Elle est solide comme un roc.

Il se veut rassurant. Suis-je rassurée ? Je ne crois pas, mais ai-je le choix ?

— Si demain elle ne va pas mieux, je fais demi-tour et je rentre.

— Et si tu appelais un médecin ?

— Je ne parle pas un mot d'italien, je n'ai pas beaucoup d'argent avec moi et on revient déjà dans cinq jours. Alors, tu penses, je n'ai pas envie de m'éterniser ici si elle ne peut pas aller plus loin.

— Bon, tiens-moi au courant. Je vous embrasse. Courage !

C'est la première fois que je parle avec lui d'aussi loin. C'est un sentiment étrange d'avoir cette liberté de le faire sans avoir à me culpabiliser. J'aurais bien aimé le faire quand j'étais en Afrique ou à Hong-Kong, mais je n'aurais jamais osé le dire à Julien. Je crois que je lui ai écrit une fois du Burundi, juste après mon arrivée, avant que mon ciel bleu ne s'écroule. Une fois aussi du Rwanda, pour le rassurer sur notre situation, et une fois, je crois, de Hong-Kong. Trois lettres en quatre ans! Mais lui ne m'avait jamais répondu.

La chambre est complètement plongée dans la pénombre quand je reviens. J'allume la lumière de la salle de bain pour la regarder, allongée sous la couverture qu'elle a remonté jusqu'à son menton. Elle dort, mais sa respiration est si calme que je m'approche pour m'assurer qu'elle n'est pas morte.

Je me déshabille et me glisse dans le lit jumeau. Il doit bien y avoir trente-neuf ans que je n'ai pas dormi à côté d'elle. Je me sens à la fois gênée et angoissée. Et si elle mourait là, cette nuit, à côté de moi? Je sens mon cœur s'emballer. Pas de panique! Il faut que je dorme aussi, je ne sais pas de quoi sera fait demain.

Le matin, maman se réveille avec l'envie de manger. Je la conduis à la salle à manger et commande un petit déjeuner le plus léger possible. Elle mange doucement. On dirait que ça passe.

Une fois le repas terminé, les bagages bouclés et chargés dans un taxi, nous revoilà en route pour la gare. Elle a la ferme intention de continuer le périple vers ses ancêtres…

Je décide de mettre les bagages à la consigne. On aura les mains libres pour se promener en attendant le train de Livourne.

— On va se promener? Tu n'es pas trop fatiguée?

— Écoute, dit-elle d'une petite voix, va te promener un peu, moi je vais t'attendre sur ce banc au soleil.

— Maman, ça va?

Je suis à nouveau prise par une peur subite.

— Oui, oui. J'ai besoin de digérer calmement mon petit déjeuner. Ne t'inquiète pas. Va te promener. Tu me raconteras.

— Tu es bien sûre que je peux te laisser ?

— Va ! te dis-je.

Je regarde autour de moi. C'est vrai que j'ai une folle envie de voir le vieux centre de la ville. Mon regard est attiré par les ruelles qui descendent vers le port. Je suis sûre que les choses n'ont pas tellement changé en un siècle. Mes ancêtres sont sûrement venus se promener jusqu'ici… Je me sens toute émue d'être sur leur piste, de marcher à leur rencontre.

— Ok, j'y vais, mais je reviens dans cinq minutes.

Je descends la première ruelle qui est devant moi. Je jette un coup d'œil en arrière. Elle est assise sur le banc. Un homme est assis un peu plus loin. Une sorte de clochard. Je remonte près d'elle à toute vitesse.

— Maman, donne-moi ton sac !

— Mais… pourquoi ?

— Parce que si quelqu'un te l'arrache, tu ne sauras pas courir derrière lui !

Je le lui prends et redescends. Un coup d'œil par-dessus l'épaule. Elle a refermé les yeux. J'ai mauvaise conscience de la laisser là, seule. Mais l'attrait de l'inconnu est trop fort pour que j'y résiste. J'aime trop l'exotisme, l'inconnu, les odeurs et les saveurs d'une ville à découvrir. Je rassasie tous mes sens en découvrant ce quartier populaire et animé, typiquement italien et portuaire. Je sens mon cœur battre plus vite, le sang couler à toute vitesse dans mes veines, ce sang italien qui refait surface après cinq générations. Mais maman ne quitte pas mon esprit. Une rue descendue, une rue remontée, je reviens à elle. Elle est toujours au même endroit.

— Maman, ça va toujours?

Elle ouvre un œil, me regarde.

— Je dors! dit-elle d'un air qui n'invite pas à la conversation.

— D'accord, je te laisse encore cinq minutes.

Elle acquiesce d'un hochement de tête.

Je redescends vers une autre ruelle. Celle-là est animée par les pêcheurs qui débarquent leur marchandise. On se bouscule, on crie, on rigole, on chante. Je passe presque en courant, pleine de regrets; ceux de ne pas pouvoir savourer à mon aise la découverte et ceux de la savoir seule et malade sur son banc. J'aimerais ramener un petit souvenir aux enfants. Je choisis une rue qui remonte. Je ne trouve que des bonbons. C'est toujours ça! J'arrive près de maman.

— Maman, je suis là!

Elle me regarde avec une sorte de désespoir dans les yeux.

— J'ai fait sous moi, dit-elle, honteuse. C'est venu tout seul, je n'ai pas pu me retenir.

— Tu veux dire que tu as fait… pipi? demandai-je, en essayant de me rassurer.

— Non, la totale.

— Oh mon Dieu!

Je m'affole. Je regarde autour de moi, je ne vois rien qui ressemble à une toilette publique. Et nos bagages sont à la consigne! Je ne peux pas la traîner dans les rues dans cet état!

Il y a, à un dizaine de mètres, un café avec terrasse.

— Viens maman, on va aller dans un café, je trouverai bien une idée.

— Je suis désolée, dit-elle, comme une petite fille prise en défaut.

— Tu ne l'as pas fait exprès, maman. Tu es malade. C'est un accident, rien de plus.

J'aimerais bien le croire, mais quelque chose me fait paniquer. Je suis seule dans cette ville, dans ce pays à quelques milliers de kilomètres de chez moi, je ne sais pas comment m'expliquer, ma mère vient de se souiller et ne semble vraiment pas aller bien. Je lui prends le bras. Je l'amène à petits pas jusqu'au café. Je choisis une table à l'intérieur, proche des toilettes. Elle ne sent vraiment pas bon. Je prie pour que personne ne remarque rien. Je commande deux cafés ; c'est tout ce que je sais dire et c'est la seule chose qui me vient à l'esprit.

— Viens, on va aller à la toilette pendant qu'elle amène les cafés.

— Je ne me sens pas trop sûre de mes jambes.

— Il faut y aller, maman, je vais t'aider. Tu ne peux pas rester comme ça.

Je la lève péniblement. Il faut monter une volée d'escaliers. Heureusement qu'il n'y a personne dans le bistrot. On ne risque pas d'être dérangées. Une fois en haut, j'ouvre une porte et lui dis :

— Enlève ta culotte et jette tout dans les poubelles.

— Mais j'aurai le cul nu ! s'offusque-t-elle.

Les principes reviennent au galop, on est bien éduqué ou on ne l'est pas…

— On s'en fout, maman ! À part toi et moi, personne ne le saura. C'est mieux que de rester souillée toute la journée !

Elle nous a toujours dit : « *Une princesse, même en haillons, reste toujours une princesse* ». Et une princesse sans culotte, est-ce toujours une princesse ?

Elle ressort quelques minutes plus tard. Je ne voudrais pas être la femme de ménage !

— Bon, je bois mon café, je paie et on file !

— Et moi, mon café ?

— Maman, compte tenu de ce qui vient de t'arriver, il vaut mieux ne pas boire de café !

Elle n'offre plus beaucoup de résistance. C'est plus facile pour moi.

Je vais vers la gare, ma décision est prise.

— Maman, je vais changer nos billets, on retourne à Milan. Tu n'es pas en état de voyager plus loin. Je vais essayer de faire avancer notre retour pour Bruxelles. Tu as besoin de soins urgents. Je suppose que tu n'as pas envie de te faire hospitaliser ici ?

— Pourquoi hospitaliser ? Un peu de repos suffira.

— Maman, on rentre, un point c'est tout !

Elle ne dit plus rien, elle me suit. Pas de problème pour retourner à Milan. Le train, d'ailleurs, ne va pas tarder.

Tout au long du trajet, je l'observe du coin de l'œil, avec la hantise que cela lui reprenne dans le train. Mais non, nous arrivons sauves, à défaut d'arriver saines, à Milan. De l'aéroport, j'appelle Europ Assistance. Je vais tout essayer pour qu'on nous rapatrie le plus tôt possible.

J'explique à la standardiste aussi calmement que je le peux la situation dans laquelle je me trouve.

— Madame, si votre maman est aussi mal que vous le dites, elle ne peut pas être rapatriée par un vol régulier. Il faut la faire hospitaliser à Milan.

— Mais elle est en état de voyager !

— Pas d'après ce que vous venez de me décrire. Je suis désolée, Madame, mais faites hospitaliser votre maman au plus vite. Aucune compagnie ne prendra le risque de l'embarquer sur un de ses vols.

Je raccroche. Idiote ! J'ai cru bien faire en forçant un peu sur l'état de santé de maman et j'ai obtenu l'effet inverse. Il faut que j'essaye directement la compagnie. Je dois les convaincre que nous devons rentrer sans dévoiler pourquoi. Comble de malchance, nous sommes samedi, et les bureaux sont fermés.

Je choisis un hôtel au hasard. Il faut que maman s'allonge, puis je réfléchirai. Après l'avoir installée dans son lit, je descends chercher une cabine téléphonique. J'ai besoin de parler à quelqu'un. Il n'y a qu'une personne qui, dans l'état actuel des choses, peut comprendre ce que je vis, et c'est Julien. Je l'appelle.

Dès que j'entends sa voix, je me mets à pleurer. Il comprend immédiatement que c'est grave. Il a heureusement un esprit très pratique. En quelques mots, il me réconforte, me conseille, me calme. Il y a un numéro pour les urgences. Je parviens à avoir la compagnie, et la standardiste croit mon histoire, elle me trouve deux places sur le vol de lundi ! J'ai les jambes qui tremblent, j'avais fini par croire que la chance m'avait définitivement lâchée. Il faut tenir le coup encore deux nuits, une journée et un voyage.

J'ai arpenté les rues de Milan dans tous les sens pendant deux jours. C'est horrible, Milan, le dimanche. Surtout que, chaque fois que je retournais à la chambre, j'angoissais à l'idée de ce que j'allais y trouver.

Lundi, à la première heure, nous prenons d'assaut l'aéroport. Je croise les doigts, je prie mes grands-parents, le bon Dieu, tous les saints du paradis pour que maman ne fasse pas sous elle et qu'on ne nous empêche pas de partir. Une fois dans l'avion, je souffle… maintenant, si cela arrive… il est trop tard ! Et les hôtesses sont là pour nettoyer. Je ne me sens plus seule.

Jamais je n'aurais cru qu'une distance aussi courte puisse paraître aussi longue.

En descendant de l'avion, elle réclame à Julien, qui est venu nous chercher, un verre de vodka pour se remettre de ses émotions ! Deux jours plus tard, on l'opérait en urgence d'une perforation de la vésicule biliaire. Nous l'avions échappé belle, elle… et moi ! Je n'oublierai jamais mes quarante ans, et maman ne reparlera jamais plus de Livourne !

La dernière carte que je lui ai envoyée, quelques mois avant sa mort, est une carte de Gênes. Je lui écrivais : « *Je salue Gênes pour toi, et mes pensées naviguent jusqu'à la terre natale de nos ancêtres.* »

Le destin est une chose étrange. Sans doute ne fallait-il pas qu'elle arrive à destination. Je croyais en avoir fini avec Livourne, les ancêtres, les conflits d'abandon. Je me trompais. C'était moi qu'*Elle* attendait. Dans mes veines coulait son sang, sa souffrance, sa culpabilité, sa honte. *Elle* m'attendait, et je ne le savais pas encore.

CHAPITRE 5

Remise des émotions du voyage et de l'opération de maman, je peux me consacrer à mon déménagement et, avant tout, à la remise en état des lieux que le locataire précédent a laissé dans une crasse indescriptible ! Me voilà les cheveux, le visage, les mains éclaboussés de peinture, et on peut deviner rien qu'en me regardant les couleurs que j'ai choisies pour recouvrir les murs et les plafonds de notre nouvel appartement.

J'ai, bien sûr, donné mon accord pour ce logement, même s'il y a beaucoup à faire pour le remettre un peu au goût du jour. Je jure que je n'y resterai pas plus de trois mois. À cause de la fréquentation et, quelque part, le fait que ce soit un logement social touche ma fierté. Il n'y a pas de honte à en bénéficier, mais tout de même… Je suis la première de la famille à en avoir besoin. Il n'est pourtant pas trop mal. La mini-cuisine est sympa avec un petit balcon qui donne sur les jardins, le living est spacieux et très lumineux grâce aux grandes fenêtres, et les trois chambres, de belles dimensions, conviennent aux uns et aux autres.

Chacun a choisi la couleur des murs de sa chambre. Roman a choisi le terracotta, Aurélien le jaune, et moi un mélange des deux. Aujourd'hui, j'ai fini de peindre les murs des pièces principales. Heureusement qu'une copine et son fils sont venus m'aider pour les plafonds : je n'en serais jamais sortie sans eux. Pour les remercier, j'ai promis à Pierre de faire le buffet de mariage.

J'ai fini une longue journée de travaux et, fourbue, je fais couler un bain. La maison est vide, les enfants sont en week-end. À défaut d'avoir donné un coup de main, Julien les a pris en charge. Il est venu avec moi voir l'appartement avant que je le loue. Il était dans un tel état de crasse qu'il fallait beaucoup d'imagination pour voir ce qu'on pouvait en faire ! Julien m'a fortement encouragée à le prendre. Encouragée… seulement. Je me suis rendue à l'argument que l'environnement était verdoyant et assez protégé pour les enfants et, en plus, pas trop loin de chez lui.

Ce soir, je me sens heureuse malgré la fatigue. Je commence à voir à quoi l'appartement va ressembler et, finalement, il me plaît assez. Je me glisse dans le bain. Tout à coup, je pense à Jean. Une envie subite de lui parler, de le voir me saisit. Je sors et me précipite sur le téléphone. Je ne vois pas qu'il est déjà presque 21h.

— Jean ? C'est moi. Ça va ?

— Mais oui, et toi ? dit-il, étonné.

— Super ! L'appartement est vraiment bien, finalement. J'ai travaillé toute la journée, j'ai envie de me détendre et de boire un verre avec toi.

Silence. Il marque un moment d'hésitation

— À cette heure ? Eh bien oui, pourquoi pas ?

— Je te rejoins chez « Stef » place du Miroir. Disons dans une demi-heure.

— Bien, j'y serai.

Je ne pense pas que ce soit son style de café, mais c'est le seul endroit que je connais dans son quartier. Je ne vais pas le faire venir de l'autre côté de la ville à cette heure !

J'enfile un jeans noir et un col roulé de la même couleur, un petit coup de brosse, et me voilà partie. Je n'ai pas oublié la légère note parfumée. C'est un homme délicat qui apprécie les bonnes choses. Et puis ce désir de le séduire me colle à l'âme. Je me sens, ce soir, mignonne à croquer ! J'adore ressentir cette fébrilité qui précède la rencontre amoureuse. J'ai à nouveau vingt ans...

Jean m'attend sur la place. Il ne doit pas être à l'aise à l'idée d'entrer seul dans un café. J'enfouis mon nez dans sa barbe pour l'embrasser. J'aime ce contact presque charnel, chargé de sensualité que je prolonge au-delà des convenances... J'ai le sentiment d'avoir rougi, mais la pénombre cache à ses yeux le trouble que ce baiser appuyé a suscité en moi.

Nous trouvons une petite table à l'écart, dans le fond de la taverne. Je n'aime pas avoir du monde autour de moi quand je suis en tête-à-tête dans un restaurant ou dans un café. Surtout quand il s'agit d'une conversation tournant autour de sujets qui font dresser l'oreille aux occupants des tables voisines...

C'est la première fois que je l'invite à prendre un verre. Mon audace est payante ! Jamais je n'aurais cru qu'il allait accepter ! Me voilà face à lui, on rit tous les deux.

— Ce sont les couleurs de ta chambre que tu as dans les cheveux ? demande-t-il, hilare.

J'adore quand son œil brille !

— Lesquelles ? dis-je, amusée aussi. Jaune ? Blanc ? Terracotta ?

— Eh bien, tu as l'arc-en-ciel ! C'est pas mal.

— Je suis contente de te voir, dis-je tout de go.

— Je vois ! Tu es rayonnante ! Alors, ça avance, les travaux ?

— Michèle et Pierre sont venus m'aider. Sans eux, je crois que je n'aurais jamais été prête à temps. Au plus vite j'y serai, au mieux ce sera pour tous. Les enfants attendent avec impatience de prendre possession des lieux. Je suis heureuse qu'ils acceptent si bien le changement. D'autant qu'on se rapproche de leur père.

— Comment va-t-il ?

— Pour l'instant, pas trop mal !

— Et toi ? Ce n'est pas trop dur de faire tout cela toute seule ?

— Non, ce n'est pas le plus dur.

— C'est quoi le plus dur ?

Je prends mon souffle et réponds du tac au tac, les yeux dans les yeux :

— C'est d'être seule dans mon lit !

Je n'en reviens pas moi-même de mon audace ! Je le vois rougir. Il me répond sur un ton badin :

— Je comprends… mais ce ne sont pas les hommes gentils qui manquent.

— Mais je ne veux pas un homme gentil !

— Je connais beaucoup de femmes qui recherchent d'abord un homme gentil.

— La différence, c'est que moi je ne cherche pas… je l'ai trouvé !

— Mais tant mieux, alors ! dit-il, réjoui.

— Arrête de faire l'innocent, tu sais très bien que c'est toi que j'aime et que c'est toi dont je parle.

Il redevient sérieux et me regarde avec douceur.

— Je suis très touché par ton amour, mais je t'ai déjà dit quelle était ma position.

— Je sais. Mais que veux-tu que j'y fasse, c'est toi que j'aime !

— Prends un amant !

Il me lâche ça d'un trait. Je le regarde, abasourdie.

— C'est toi qui me conseilles ça ?

— Écoute, moi, je suis très heureux d'être aimé par toi, c'est très agréable. Mais je ne veux pas coucher avec toi. Alors, je te laisse m'aimer et toi, tu prends un amant pour le sexe !

Je ne sais pas s'il plaisante ou s'il est sérieux. Son ton est badin, mais je ne suis pas sûre qu'il plaisante tant que cela. Je le regarde, sceptique : pour une fois, il m'a coupé le sifflet !

Il rajoute, profitant de mon étonnement et de mon silence :

— C'est vrai, je serais idiot de ne pas vouloir de l'amour d'une femme comme toi. Tu es jeune, mignonne, intelligente, cultivée, dynamique et j'en passe. C'est très nouveau pour moi et c'est très agréable, ces moments que nous passons ensemble. Je reconnais que ça me plaît. Je me sens rajeunir à tes côtés. Mais je ne veux pas avoir de relations sexuelles avec toi.

— Mais tu es gonflé ! Je te dis que je t'aime et toi, tu réponds : « Je me laisse aimer, mais prends du plaisir avec un autre » ! C'est énorme ce que tu me dis là ! Je n'ai pas « besoin » de sexe, j'ai besoin d'aimer et d'être aimée par le même homme, sexuellement aussi.

— Calme-toi ! Je plaisantais. Je sais bien que tu ne coucherais pas avec n'importe qui. C'est une façon de te dire que je ne céderai pas.

— Mais tu es quand même venu quand je t'ai appelé !

— J'avoue que tu m'as surpris. C'est la première fois qu'une femme m'invite à prendre un verre à cette heure ! J'étais curieux, c'est vrai, et j'avais envie de te voir, sinon je ne me serais pas rhabillé…

— Tu étais déjà en pyjama ? dis-je en me détendant.

— Mais oui ! Je me couche avec les poules, moi !

Finalement, je suis touchée qu'il soit venu pour moi. Je repars le cœur léger. Ce que nous venons de faire est un vrai marivaudage… et ça m'a beaucoup plu !

CHAPITRE 6

L'été s'installe doucement en même temps que je m'installe dans mon nouveau nid. Tout autour de l'immeuble, les buissons sont en fleurs. Il fait merveilleusement doux. Dans ma vie aussi, la douceur remplace l'agitation, les angoisses, les doutes torturants qui suivent une séparation.

Je passe à travers les événements comme à travers un nuage. Jamais je n'aurais cru que me séparer de cet homme que j'avais aimé avec autant de passion, envers et contre tout, se ferait avec cette sérénité, presque avec détachement. Je suis heureuse de ne pas trop souffrir. C'est sa souffrance à lui qui m'est la plus pénible. Il y a des jours où il perd les pédales, et ses coups de téléphone me crèvent le cœur. Mais quelque chose en moi me retient de courir le secourir, m'empêche de le faire revenir. Je sais que ce serait une bêtise, que la souffrance après serait encore pire parce que quelque chose est irrémédiablement détruit. Je sens bien que c'est de la pitié et que c'est la dernière chose au monde qu'il pourrait recevoir de moi. Mais comment pourrais-je être indifférente à la douleur de cet homme que j'ai adoré ? Je me sens comme un bateau qui lâche les amarres et que plus rien ne fera revenir à quai. Je pars, déchirée, mais je pars. C'est la vie qui revient dans toute sa force et qui me pousse à m'éloigner. Pourtant, à l'horizon, rien n'est certain.

Je ne peux pas dire que j'ai quitté Julien pour Jean. Ni à cause de Jean. Je ne comprendrai que bien plus tard pourquoi la rupture a eu lieu et comment j'ai survécu à ce qui me semblera être une traversée du désert. Je l'ai quitté. C'est pour moi quelque chose d'incompréhensible. Je suis d'ailleurs la seule à le ressentir. Autour de moi, ma famille se tait, mais je sens qu'elle approuve. Il me faudra des années aussi pour pouvoir entendre ce qu'elle me dira, pour voir l'inimaginable, pour admettre l'évidence. Pour l'instant, personne n'a le droit de dire quoi que ce soit. Le premier qui ose toucher à Julien, le premier qui émet une critique, je le remets à sa place. Je reconnais que je me suis isolée du reste de la famille. Difficile pour moi d'admettre mon échec. Difficile de me départir de mon sentiment de culpabilité. J'enrage d'entendre les « bons conseils » !

— Tu dois faire constater son départ !

— Tu dois demander le divorce tout de suite !

— Tu dois demander une pension alimentaire !

À tous, je dirai de ne pas se mêler de mes affaires. Jamais je ne ferai faire le moindre constat, jamais je ne demanderai le moindre sou, jamais je ne ferai déterminer un droit de visite. Pas à lui, pas au père de mes enfants, pas après une telle histoire d'amour. Comment imaginer faire plus de mal encore à celui avec qui on a partagé tant d'années, tant de bonheur ? Pourquoi blesser à tout prix un être qu'on a aimé ? Faut-il que tout sentiment de respect, d'affection, d'amour même, disparaisse parce qu'on se sépare ? Moi, je n'ai aucune raison de lui faire du mal et je crois que c'est plus dur de se séparer lorsqu'on s'aime encore que quand on a de réels motifs d'en vouloir à son conjoint. Derrière la guerre froide, les attaques vicieuses, les règlements de compte tordus, se cache une grande détresse, une blessure qu'on veut absolument cacher. Mais moi, je n'avais pas de raison de le blesser. J'aimais deux hommes, et c'est cela que Julien ne pouvait pas accepter.

Ce deuxième amour, je ne peux, ni ne veux me l'arracher du cœur. Il m'est devenu aussi indispensable que l'air que je respire, il m'est aussi vital que le sang qui coule dans mes veines. Je ne voulais pas choisir. Julien a fait le choix pour moi. Et puisqu'il en est ainsi, puisque les deux ne sont pas conciliables, je vais m'attacher à celui qui offre à mon navire errant le havre dont il a besoin.
Je sors de ma rêverie. Le soleil chauffe à travers la vitre. Les oiseaux chantent, et Jean m'attend. C'est mon jour de permanence à la paroisse.

J'adore ce jour-là ! Et pour cause… je l'ai tout à moi pour la journée ! Même si du monde va et vient toute la matinée et nous occupe chacun de notre côté, il est là, à portée de voix, à portée de cœur. Et du cœur, il en faut pour accueillir ces gens en situation précaire et souvent clandestine. Du cœur, de la patience et du discernement.

C'est parce que j'ai vécu deux ans en Afrique que Jean m'a proposé de tenir la permanence de la banque alimentaire du quartier, car ce sont essentiellement des Africains qui sollicitent une aide alimentaire. Quelques Belges aussi.

On sait que certains abusent, qu'ils bénéficient d'autres aides. Mais comment faire pour ne pas risquer d'en priver un qui en a vraiment besoin ? Dans le doute, parfois, on ferme les yeux sur des bobards gros comme des maisons. Après tout, l'aide alimentaire est là, et aucun n'est jamais suffisamment riche pour que nous nous sentions volés.

Jean, lui, reçoit ceux qui ont besoin d'argent. Il a une sensibilité toute particulière pour les femmes seules avec des enfants. Il ne supporte pas de savoir une maman dans l'impossibilité de payer des frais scolaires. Et c'est ainsi que, chaque mois, partent des sommes importantes qui servent à payer des cantines scolaires, des abonnements de bus, des livres d'école. La paroisse est riche, il en fait profiter les plus démunis, ce qui n'est pas du goût de tous.

Quand la permanence se termine, vers midi, nous avons bien besoin d'un peu d'air. La misère est quelque chose qui colle à la peau, et nous ne sortons jamais de là sans avoir dans un coin de la mémoire une histoire, une image ou des mots qui mettront des jours à disparaître.

Ce jour-là, Jean m'emmène manger chez lui.

— Il fait magnifique, dit-il. Je te ramène à la maison. On mangera au jardin. J'ai bien dans mon frigo de quoi nous faire un petit repas froid. D'accord ? On pourra aller faire un tour au parc après si tu veux, et je te ramènerai à ta voiture pour que tu sois à l'heure à l'école pour Aurélien.

Il n'oublie jamais les enfants.

Je vois mal comment je pourrais ne pas être d'accord ! J'adore le petit coin de paradis qu'il vient d'aménager. Je devrais dire qu'« on » vient d'aménager, car je l'ai aidé à choisir le carrelage, les couleurs, la lumière. Une nouvelle complicité est née entre nous. Comme si, lentement, il lâchait prise et laissait pénétrer dans son intimité la douceur, la tendresse d'une femme. Une brèche se formait, et je n'avais pas hésité à y mettre le pied !

Quand il avait décidé de quitter le premier étage de sa maison pour s'installer dans son petit pavillon au fond du jardin, j'avais compris, moi, qu'il mettait un peu de distance avec la communauté qui vivait sous le même toit. Une façon de prendre de l'autonomie et de s'ouvrir un jardin secret. Et dans ce jardin secret, j'avais une entrée très particulière !

Entre mes travaux de déménagement et les siens, nous passions beaucoup de temps ensemble, pour notre plus grande joie à tous deux. Si je mangeais souvent chez lui à midi, lui en revanche mangeait avec nous certains soirs. Aurélien prenait plaisir à cette présence qui le stabilisait. Quand, pour la première fois après le départ de son père et le retour de Roman à l'internat, nous nous étions retrouvés à deux à table, il avait dit : « *on n'est plus que deux maintenant à table, c'est triste !* », j'en avais été bouleversée. Si petit, il avait compris que la cellule familiale avait éclaté et qu'un vide s'était installé que plus rien ne comblerait. C'étaient son père et son frère qui étaient absents, et rien ne remplace ni un père ni un frère. Jean faisait partie de son univers, et il acceptait sa discrète présence.

Ce jeudi, donc, nous avions mangé au jardin. Simple et frugal, mais tellement convivial. Après le repas, Jean a toujours besoin d'un moment de repos.

— Viens près de moi, dit-il, je vais me reposer quelques minutes avant notre promenade.

Il s'installe sur son canapé qui est aussi son lit. Ça ressemble à une banquette de moine ! Ça en a la dureté et l'étroitesse. Il me fait signe de m'asseoir à ses côtés. Je risque le tout pour le tout et me glisse dans ses bras. Il se laisse faire.

— Tu ne désarmes jamais, toi ? dit-il avec un sourire au coin des lèvres.

Je le sens ému.

— Pourquoi ne nous laisses-tu pas être heureux ensemble ? Que faisons-nous de mal ? Rien ne nous empêche de nous aimer !

— Tu sais bien que si !

— Je ne suis pas d'accord !

Je sens que nous vivons un moment important. La brèche étant ouverte, il faut forcer la place.

— Au nom de quoi nous imposes-tu cette abstinence? D'un vœu fait il y a quarante ans? Mais c'est inhumain! Tu as donné de l'amour toute ta vie à quantité de gens et tu n'aurais pas le droit à ton tour d'être aimé? Mais regarde-toi! Tout ton corps répond à mon appel!

— Je ne pourrai jamais franchir le pas. C'est comme une barrière trop haute à sauter.

— Mais les barrières sont faites pour être sautées. Il faut juste s'en donner la possibilité!

Je quitte son bras, me lève et lui fais face. Il m'énerve à tergiverser. Après tout, son attitude est ambiguë. Il accepte de se faire dorloter, mais ne donne rien en échange. Moi, je veux de l'amour, tout son amour.

— Tu n'as pas le droit de nous priver d'être heureux! Nous sommes faits l'un pour l'autre!

— Laisse-moi du temps, supplie-t-il. C'est quarante ans de ma vie que tu me demandes de remettre en question. Je ne suis pas prêt. J'ai besoin de temps.

J'ai touché quelque chose en lui. Je sens qu'il faiblit, son ton a changé, on dirait du désespoir.

— D'accord, j'attendrai, dis-je, radoucie.

Je me blottis contre lui. Il ne faut pas gâcher le moment qu'il me permet de vivre. Après tout, j'ai déjà fait un grand pas. Je suis prête à attendre tout le temps qu'il faudra. Un mois, un an, deux ans… puisqu'il me laisse un espoir.

Nous restons silencieux un long moment. Je crois qu'il savoure autant que moi ce moment d'intimité. Cela a beau être interdit…

— Viens, dit-il au bout d'un moment. Je vais te montrer le parc qui est dans ma rue. On y prendra un café à la buvette.

Je lui emboîte le pas. Ça me fait toujours l'effet d'être une petite fille qui marche à côté de son papa quand je me promène avec lui. Non pas à cause de la différence d'âge, mais à cause de la différence de taille ! Il est si grand… et moi si petite. Nos ombres sur le trottoir nous font sourire, complices.

Assis à une table sur la terrasse, nous reprenons le cours de nos conversations habituelles : Julien, les enfants, la paroisse et son passé. Il a tant de choses à me raconter de sa longue vie. Je pourrais l'écouter des heures. Il a une façon très drôle de raconter. Et puis, il lui est arrivé des tas de choses surprenantes. Il me parle beaucoup de sa famille. Il est l'aîné de cinq enfants dans une famille très bourgeoise, avec des frères et sœurs très conventionnels. Il n'y a que lui et sa plus jeune sœur qui dénotent quelque peu par leur style de vie. J'apprends ainsi que mon arrière-grand-mère a épousé en secondes noces son grand-oncle !

Pendant qu'il me parle, il a avancé sa main vers la mienne. Il joue avec les bracelets que j'ai au poignet.

— C'est joli ça, dit-il en les faisant tourner.

— Ce sont des anneaux en ivoire que j'ai ramenés du Burundi.

— Tu sais que j'ai voulu vous y rejoindre quand vous étiez là-bas ?

Je le regarde, surprise.

— Toi, en Afrique ?

— Eh bien oui. Si vous n'étiez pas rentrés après le coup d'État, je serais venu passer quelques semaines avec vous. Mais tout s'est enchaîné trop vite. Tu es rentrée seule avec le problème de ton mari, et je ne t'ai rien dit, mais je comptais bien venir.

Comme quoi, un coup d'État peut avoir de l'influence sur des vies extérieures au conflit ! Et s'il était venu, le cours des choses aurait changé ? Plutôt que de partir dans des spéculations qui ne mènent à rien, je l'interpelle.

— On va marcher quelques minutes ? Je dois être à l'heure pour Aurélien.

— Oui, viens. Je vais te montrer quelque chose d'assez joli.

Il m'emmène au bout du chemin. On pénètre dans un tout autre environnement. Plus de gazon, plus de buissons, plus de chemin bien dessiné. On entre dans un sous-bois. Le bruit du monde s'éloigne. On n'entend plus que le chant des oiseaux. Les arbres, au-dessus de nos têtes, forment une voûte propice au rapprochement. Il me prend timidement la main. C'est la première fois ! Mon cœur bat à grands coups. Surtout ne rien faire paraître de l'émoi qui m'agite ! Je sens ma main toute petite dans la sienne.

Nous marchons un moment sans rien dire. Il y a des moments où il vaut mieux se taire. J'ai du mal à suivre son pas. Il s'en rend compte et aligne sa cadence à la mienne. Le temps qu'il fasse un pas, moi j'en fais deux ! Je le sens sourire dans sa barbe…

Bientôt, nous atteignons l'autre côté de ce charmant petit bois. Un gamin arrive en courant. Il s'arrête devant Jean, les poings sur les hanches, et le toise.

— Mais je te connais, toi ! Tu es le curé avec qui j'ai fait ma communion !

Jean me lâche la main précipitamment.

— Ah oui ? dit-il, gêné d'avoir été pris en flagrant délit.

— Tu ne me reconnais pas ? Moi, c'est à ta barbe que je t'ai reconnu ! Comme celle de saint Nicolas ! Salut !

Le gamin s'encourt aussi vite qu'il est apparu.

Jean me regarde. Il est tout rouge. J'attrape un fou rire.

Il n'y a que cinq minutes qu'il a osé me prendre la main pour la première fois, et déjà un gamin nous a surpris. Je trouve cela hilarant. Il me regarde rire. Il hausse les épaules.

— Tu sais, j'ai été curé pendant quarante ans, et j'ai célébré beaucoup de mariages, de baptêmes, d'enterrements. Tu imagines le nombre de personnes qui me connaissent ? Il y aura toujours quelqu'un, où que je sois, qui me reconnaîtra !

De cela, mon Dieu, j'aurai bien souvent l'occasion de me rendre compte !

Avant de nous séparer, je me hausse sur la pointe des pieds pour glisser dans son oreille :

— Je t'attendrai. Le temps qu'il te faudra…

CHAPITRE 7

Nous sommes presque fin juin, et je n'ai rien prévu pour les vacances. Mes finances n'étant pas au beau fixe, je n'imagine pas pouvoir partir où que ce soit avec les enfants. Mais puisque Jean me propose de venir en Ardenne, je suis sûre qu'ils seront heureux de quitter Bruxelles pour quelques jours. De toute façon, avant de partir, il faut que je prépare le buffet de mariage de Pierre.

Chose promise, chose due. Il y a longtemps que je n'ai plus cuisiné pour un tel événement. Pourtant, à une époque de ma vie, je cuisinais souvent avec maman, pour toutes les communions des neveux et nièces, tous les mariages des copines, tous les événements, tristes ou joyeux qui réunissent une famille. À présent, je me sens capable de le faire toute seule, non pas parce que maman n'est plus là, mais parce que je ne me vois plus travailler avec elle. Nos sentiments sont à fleur de peau, et un rien de nervosité suffirait pour nous chamailler.

À propos de cuisine, Roman a exprimé clairement son refus de rester à l'internat. Il veut faire l'école hôtelière. Ce n'est pas une mauvaise idée. Dans la famille, on adore cuisiner de mère en fille depuis plusieurs générations, et Julien cuisine fort bien aussi. Alors, pourquoi pas ? Mais je lui fais remarquer que c'est encore un internat !

Je pense à mon grand. Il me manque. Je suis contente que l'année tire à sa fin. Je sens bien qu'il n'est pas heureux dans ce collège. J'avoue que je le comprends. Cela a beau être le collège le plus huppé de Belgique, fréquenté par la noblesse et les grandes fortunes, la charité que la direction fait en prenant mon fils «sans le sou» m'horripile un peu. Et puis, je trouve étrange que, pour des enfants si bien élevés, les murs des toilettes soient régulièrement barbouillés d'excréments! Je n'ai aucune envie que Roman baigne plus longtemps dans ce milieu.

C'était une erreur de ma part d'avoir suivi le conseil de Jean. Il croyait bien faire. Je regrette sincèrement d'avoir poussé Roman dans cette direction. Ce n'est pas la première maladresse, ni la première bêtise que nous faisons avec les enfants. Les emmener avec nous au Rwanda après le génocide en était une autre. J'avais suivi Julien, tête baissée. Portés par notre envie de soulager les enfants traumatisés par la guerre, nous avions embarqué les nôtres dans une histoire qui ne les concernait pas et qui les avait profondément marqués. Surtout Roman. Je sais qu'il nous en veut de les avoir délaissés au profit de ces «petits noirs», comme dit ma mère. Et je suis encore polie en employant ces termes. Je crois que les mots qu'elle employait étaient bien pires.

À cette époque d'ailleurs, je ne voyais plus maman. Entre mon retour du Burundi en novembre et mon départ au Rwanda en juillet, nos relations s'étaient dégradées. Je crois qu'elle espérait que Julien ne reviendrait pas d'Afrique et que je resterais sous sa coupe à elle avec les enfants.

Quand j'étais rentrée en Belgique, j'avais tout perdu, je n'avais plus rien. Ni toit, ni argent, mes meubles étaient dans une grange. J'étais rentrée parce que le coup d'État du Burundi avait fait perdre à Julien son boulot et que nous étions sans revenus. J'étais là-bas depuis deux mois et pensais ne plus jamais revenir! Mais les événements en avaient décidé autrement. J'avais encore mes billets de retour, et Julien m'avait mise de force dans l'avion avec les enfants. J'avais vécu ça comme un cauchemar. J'avais le sentiment qu'il me poussait à partir pour avoir les coudées franches avec cette fille.

Je me souviens de ce vol comme d'une torture. Arrivée à Zaventem, ma mère, que je n'avais pourtant pas invitée à venir me chercher, m'avait dit en voyant mes larmes : « *Ne t'inquiète pas, on va te trouver un logement, on va t'aider* ». Je me souviens avoir hurlé : « *Mais je veux y retourner, tu comprends ça ? C'est là-bas que je veux être, avec mon mari* ».

Marie, ma meilleure amie chez qui j'allais loger, m'avait prise dans ses bras pour me calmer. Elle ne comprenait pas ce qui m'arrivait, mais sentait que je vivais un drame. Ce n'est que la nuit venue, ma mère désappointée retournée à ses pénates, les enfants couchés avec leurs copains, que j'avais pu pour la première fois raconter mon chagrin. Sans Marie, sa compassion, sa gentillesse et son accueil, je ne sais pas ce que je serais devenue.

Ma mère n'a jamais su. Je n'ai jamais voulu lui raconter. Mais le jour où elle m'avait dit, alors que je refusais le logement sordide qu'on me proposait, « *quand on est en état de mendicité on ne fait pas la difficile* », j'avais décidé de ne plus la voir.

Quand j'étais repartie, huit mois plus tard, je lui avais envoyé de l'aéroport les coupures de journaux qui relataient la mission pour laquelle nous partions. Sans un mot, sans une explication. Je sauvais la face… Mon mari était revenu au bercail, blessé, fragile… et sans remords.

Je macère dans mon bain en repensant à ces épreuves parcourues dans un état second. Aujourd'hui, avec le recul, je me demande comment j'ai survécu sans ramasser une de ces maladies qui tuent après de tels chocs. J'ai réchappé d'une pneumonie au Rwanda, mais je suis consciente qu'un nouveau traumatisme peut réveiller un mal endormi. Et si ce ne sont plus que des souvenirs, les cicatrices restent bien fragiles.

Le téléphone sonne. Je m'extirpe rapidement de mes songes et de mon bain. Je cours pour que le téléphone ne réveille pas Aurélien. Les chats détalent en voyant surgir cette bacchante dégoulinante ! En général, c'est Julien qui appelle si tard. Mais non, j'entends la voix de Jean.

— C'est Jean !

— Quelle surprise ! Je te croyais à Journal !

— Mais j'y suis !

— Si tu m'appelles de là-bas et si tard, c'est que tu as quelque chose d'important à me dire.

— Oui.

Petit silence, j'attends.

— J'ai réfléchi !

— Ah ! À quoi ?

— À ce qu'on s'est dit hier.

— Mais encore…

Il y a quelque chose d'inhabituel dans sa voix, de très doux, de très tendre.

— Je suis d'accord.

— D'accord de quoi ?

— De franchir la barrière.

J'en ai le souffle coupé !

— Tu veux dire… que tu veux sauter le pas ?

— Oui, tu avais raison, pourquoi se priver de ce bonheur ? On ne fait rien de mal. Tu es libre et moi aussi.

Je n'en reviens pas. Je ne sais pas quoi dire.

— La seule chose que je te demande, c'est de tenir notre relation secrète. Si tu acceptes, il faut savoir à quoi tu t'engages. C'est dur de vivre dans la clandestinité. Personne ne peut savoir, pas même tes enfants, ni tes amis, ni ta famille. Je ne veux pas perdre mon boulot. Tu sais que c'est le travail de toute une vie qui peut être détruit en quelques minutes. Je sais que ce que je te propose sera très difficile, mais c'est une condition indispensable. Tu comprends, mon sacerdoce, c'est toute ma vie !

Moi, je serais prête à jurer n'importe quoi pourvu qu'il m'aime.

— D'accord. Bien sûr que j'accepte. Tu sais à quel point je t'aime. Je suis prête à ce sacrifice.

Tout, j'accepterais tout pour vivre cet amour.

— Ce sera notre jardin secret !

Il continue, tout à coup volubile :

— Tu vas voir, ce sera merveilleux. Nous conjuguerons le verbe aimer à tous les temps. Tu verras, je serai pour toi un océan de douceur !

Je suis tellement émue que je ne sais plus quoi dire. Il emploie des mots si étonnants pour un prêtre, pour un homme qui n'a jamais connu l'amour. Car il m'a juré qu'il n'avait jamais connu de femmes. Je serai donc la première ?

J'ai la voix qui tremble.

— Tu reviens quand ?

— Dans trois jours. Tu pourras m'attendre ? dit-il en riant.

— Bien sûr, je t'attendrai, dis-je, attendrie.

— Je t'embrasse. Dors bien, ma belle !

Je raccroche. Ai-je rêvé ? Je me répète les mots, les phrases qu'il a dites. « *Je serai pour toi un océan de douceur* »... Incroyable ! Voilà un homme qui n'a jamais aimé et qui comprend immédiatement ce qu'une femme attend de l'amour ! Un océan de douceur... est-ce possible ? Tout un océan ? Il en est bien capable...

Je cours à mon agenda. Il faut que j'écrive à cette date ces mots inattendus, inespérés. Je les écris, mais c'est bien inutile, car ma mémoire les a enregistrés à la seconde même, et ils y sont à tout jamais inscrits.

Je retourne dans mon bain. Aurélien n'a pas entendu le téléphone. Il dort.

Les mots, les images défilent à toute vitesse dans ma tête. Voilà huit ans que j'espère ce moment. Jamais je n'ai cru qu'il pourrait céder un jour. Je me sens sous l'effet d'un séisme.

C'est merveilleux et paniquant.

Ma vie va basculer, je le sens. J'ai un peu le même sentiment que huit jours avant mon mariage, lorsque j'ai pensé : « *Serai-je capable d'aimer un seul homme toute ma vie ? Je vais dire oui, et c'est pour toujours !* »

J'avais, en une fraction de seconde, réalisé qu'il ne pourrait plus y avoir qu'un seul homme dans ma vie et ce, jusqu'à ce que la mort nous sépare. Et cela m'avait vraiment fait peur ! Étais-je capable de cette fidélité ? Il était trop tard pour réfléchir.

Je n'ai de toute façon jamais regretté l'engagement que j'avais pris vis-à-vis de Julien. La seule chose que j'ai regrettée, c'est de n'avoir pas su tenir cette promesse plus longtemps et de m'en être culpabilisé pendant des années.

Non, cette fois, ce n'est pas la même chose. Je sens la joie m'envahir, se répandre dans chacun de mes membres, sous chaque parcelle de ma peau. C'est un souffle tiède qui palpite tout autour de moi, qui rend l'invisible tangible et l'inaccessible possible.

Ce soir, un miracle s'est produit, faisant sonner dans ma tête les trompettes, flûtes et tambourins de tous les anges du paradis !

CHAPITRE 8

Le coup de sonnette me fait tressaillir bien que je m'y sois préparée avec une joie mêlée d'angoisse depuis un moment.

— C'est Jean ! claironne la voix dans le parlophone.

J'entrouvre la porte du palier. J'entends l'ascenseur qui monte. Dans quelques secondes, nous serons face à face, pour la première fois depuis qu'il a pris cette grande décision de vivre l'aventure de l'amour. Dans ma tête, depuis plusieurs jours, j'ai imaginé tous les scénarii possibles :

Un : il entre, m'emmène au salon, me prend dans ses bras, m'embrasse.

Deux : il entre, ne sait pas comment s'y prendre, gêné, il me laisse faire le premier pas.

Trois : il ne veut pas me toucher avant la première nuit !

Tout, j'avais tout imaginé, sauf ce qui se produisit !

J'ouvre le battant plus grand pour le laisser entrer. J'ai encore la main sur la poignée de la porte quand son chien, qu'il tient au bout d'une longue corde, est déjà au milieu du salon, et je n'ai pas le temps d'ouvrir la bouche pour le saluer qu'il me la ferme d'un baiser fougueux ! Moi, accrochée à la porte, lui tiré par le chien en laisse, ce premier baiser placera notre histoire d'amour sous le signe de l'humour.

— Lâche le chien, dis-je dans un murmure.

— Quoi ?

— Lâche le chien !

Il n'a pas l'air de remarquer le comique de la situation. Trop occupé par la découverte qu'il vient de faire de ces premières sensations… Il me lâche et libère le chien. On se regarde en riant : il est tout rouge ! On dirait un enfant qui vient de transgresser un interdit et qui en est très fier. Quelque part, c'est ce qu'il vient de faire pour la première fois ; transgresser un interdit imposé par l'Église.

Le chien aussi me fait la fête… un peu comme le maître !

Il faut dire que ce n'est pas n'importe quel chien. Jean était revenu un jour avec ce fox au bout d'une longue corde. Ça faisait longtemps qu'il parlait de reprendre un compagnon à quatre pattes. « *Pour ce qui est de l'affection, on est rarement déçu* », disait-il. Il l'avait amené un dimanche, fier de sa trouvaille, et, ce qui nous avait frappé au premier coup d'œil, c'était une certaine ressemblance entre le maître et le chien. La couleur des poils était la même chez les deux, entre autres.

Avec emphase, il nous l'avait présenté :

— Je vous présente Godfried !

— Godfried ? Pour un chien ? Quel drôle de nom ! N'est-ce pas le prénom d'un cardinal ? avions-nous demandé en chœur.

— Pas du tout, avait-il affirmé, c'est le cardinal qui porte le même nom que mon chien !

— Tu l'as trouvé où ?

— À la fourrière ! D'abord, il m'a tapé dans l'œil, ensuite c'est le seul qui n'aboyait pas. C'est surtout pour ça que je l'ai choisi.

Ce qu'il ne savait pas, c'est que le Godfried était aphone… pour cause d'angine !

Il allait bien vite récupérer sa voix, et c'est sa voix qui, un jour, le perdra…

En attendant, il frétille de la queue et est bien content de voir son maître dans cet état !

J'avoue que je ne me souviens plus de grand-chose d'autre de ce jour. Sauf que nous avions planifié, organisé, tout prévu pour la première nuit que nous devions passer à Journal… tout, sauf l'imprévu !

CHAPITRE 9

Nous sommes le vendredi 9 juillet, veille du mariage de Pierre.

Depuis plusieurs jours, ma cuisine est sens dessus dessous, mais les pâtés, les terrines, les flans de légumes sont prêts.

Pour remercier Michèle du coup de main qu'elle m'a donné, maman lui a confectionné pour l'apéritif une centaine de ses fameux petits biscuits au fromage. Tout est là dans ma cuisine. Le sport consiste maintenant à tout descendre du troisième étage et à arriver à tout caser dans ma petite voiture. J'ai en effet dû me séparer de mon break, à moins que ce ne soit lui qui ait choisi de me quitter définitivement... J'ai pu, avec l'aide de Jean, acheter à un de ses copains garagiste une petite caisse noire, qu'il m'a vendue comme étant une affaire… pour lui, sans aucun doute !

Grâce à l'expérience et à une certaine gymnastique mentale, je parviens à transporter la totalité du buffet en un seul trajet : pas de perte de temps, pas de perte d'énergie !

Dans l'effervescence d'une joyeuse préparation de fête, je passe la journée dans la cuisine de la salle où va se dérouler le mariage. Tout est planifié pour aujourd'hui et pour demain. Une fois le travail du jour accompli, je m'assure que tout est organisé pour le lendemain. J'aurai encore toute la matinée et une bonne partie de l'après-midi pour finaliser. Pas de stress… on est dans les temps !

Je passe chercher les enfants au passage et rentre avec eux passer un bout de soirée, calmement, dans notre petit nid. Nous sommes fatigués tous les trois et, le repas terminé, Aurélien et Roman rejoignent leur chambre. Tout est calme dans l'appartement. Aurélien dort, Roman lit, j'écoute de la musique en sirotant un petit whisky. Je souffle un peu avant l'énervement de demain. Les bagages sont prêts pour dimanche, et je rêve à ce moment tant espéré. J'ai peur, au fond de moi. Si c'est vraiment la première fois pour lui à soixante-cinq ans, comment cela va-t-il se passer ?

Mes pensées sont interrompues par Roman qui arrive en se tenant le ventre.

— J'ai mal au ventre, se plaint-il avec une moue suggestive.

Encore ? Cela fait plusieurs semaines qu'il se plaint. Chaque fois au retour à l'internat. J'avais mis cela sur le compte de son stress. Mais aujourd'hui, il est en vacances et n'y retournera pas, c'est décidé.

— Viens, je vais te donner un calmant.

Il le prend et va se recoucher. Je retourne à Bach et à mes rêveries.

Roman revient après une demi-heure.

— Ça ne passe pas ! J'ai mal, j'ai mal.

Il se met à pleurer. Je le sais douillet, mais cette fois je perçois qu'il n'est vraiment pas bien. Il est 22h, j'appelle un médecin de garde. Il ne tarde pas à arriver. Après un court examen, il me dit :

— Si j'étais vous, je l'emmènerais sans tarder à l'hôpital le plus proche. Il fait probablement une crise d'appendicite!

— Sans tarder? dis-je affolée.

— Vous pouvez attendre le matin, mais vous risquez une péritonite. L'hôpital Saint-Luc n'est pas loin. Allez-y! Bonne nuit, madame.

Je reste hébétée quelques minutes. Qu'est-ce que je dois faire? Il est maintenant presque 23h, Aurélien dort, et Roman pleure!

Je n'ai pas le choix, je réveille Julien.

— Tu as vu l'heure!

— Désolée, mais Roman fait une crise d'appendicite, et il faut le conduire à l'hôpital!

— Et que veux-tu que je fasse avec mon vélo?

Il n'est pas de bonne humeur.

— Mais je ne peux pas laisser Aurélien tout seul au milieu de la nuit. Viens le garder pendant que je vais avec Roman.

— Viens me chercher et c'est moi qui le conduirai.

— D'accord, j'arrive!

Pourquoi, mais pourquoi ai-je agi aussi bêtement? Toujours ce réflexe de me tourner vers lui et de le pousser à prendre une place qu'il ne veut pas prendre. Où était le problème, après tout, de réveiller Aurélien et de le prendre avec moi? Par souci de ne pas l'effrayer ou par peur de l'avoir dans les pieds à l'hôpital? J'ai dû, de toute façon, le réveiller! Je les embarque et fonce chez leur père. Idiot! Complètement idiot comme réaction! Puisque j'avais réveillé Aurélien, je pouvais aussi bien l'emmener avec nous à l'hôpital!

Julien me ramène à la maison en râlant ferme sur ma caisse qui n'avance pas.

— Je l'emmène où ?

— Va aux cliniques Saint Luc, c'est le plus près.

— Tu n'en as pas voulu pour ta mère, pourquoi est-ce bon pour ton fils ?

Il devient agressif.

— Va à l'A.Z alors. Moi, je te dis ça parce que c'est plus près !

— Je ne mets pas la vie de mon fils en jeu, moi, pour quelques kilomètres !

Et vlan ! Je reçois cette claque qui le démange depuis longtemps. Je remonte en pleurant. Je suis mal de voir Roman partir comme ça. J'ai eu tort de solliciter l'aide de Julien. Il a pris les choses en main, mais pas comme je l'aurais voulu.

Je n'ai pas dormi de la nuit. À 6h, Julien m'appelle.

— Ils sont en train de l'examiner, dit-il, contraint de me donner des nouvelles.

— Qu'est-ce qu'ils ont dit ?

— Ils ne sont pas sûrs que ce soit une appendicite. Ils doivent faire des examens.

— Où es-tu ?

— Je suis rentré. J'ai laissé ta voiture devant ta porte et les clés dans ta boîte. Je suis rentré à pied.

— Il est tout seul ?

J'en ai le cœur serré.

— Ça ne servait à rien que je reste. Ils s'en occupent. Il faut que tu ailles dans la matinée voir avec les médecins ce qu'on va lui faire.

— Mais j'ai mon mariage, moi ! Tu ne peux pas y aller, toi ?

— Il serait temps, Micheline, que tu penses un peu à tes enfants avant de courir à tes amours ! Tu ne comprends pas que la maladie de ton fils est un signal qu'il te donne ?

Et vlan ! En voilà une deuxième. Je la prends sans broncher. Comme d'habitude, c'est de ma faute, et comme d'habitude, je le crois. Mon sentiment de culpabilité est total. J'ai l'horrible impression d'abandonner mon fils qui souffre et qui a besoin de moi.

Depuis des années, insidieusement, Julien est parvenu à me persuader que je ne suis pas une bonne mère. J'ai fini par croire que je suis, comme dit ma mère, plus femelle que mère ! Et j'en ai honte. Sans doute y a-t-il quelque chose de vrai dans cette conclusion, puisque Julien s'arrange toujours pour passer avant les enfants. L'amour, c'est d'abord pour lui, mon attention aussi, et mes moments de liberté lui ont été intégralement et généreusement abandonnés. Que restait-il pour les enfants ? Les miettes, et combien je le regrette ! Il m'a fallu tout l'amour de Jean pour changer l'image négative que j'avais de mes sentiments maternels et me conforter dans l'idée que je suis une mère attentive, respectueuse et soucieuse du bien-être de mes petits bouts.

J'appelle Michèle.

— Michèle, dis-je, en larmes, Roman est à l'hôpital.

— C'est grave ?

— On suspecte une appendicite !

— Qu'est-ce qu'on fait ?

— Je dois aller près de lui, au moins aller le voir.

Je suis partagée entre mon instinct maternel et mon devoir « professionnel ». À travers son silence, je l'entends réfléchir.

— Il est à quel hôpital ?

— Aux cliniques universitaires de l'A.Z. Je sais que c'est loin. Écoute, je vais y aller tout de suite. Je vous rejoins à la salle. Commencez à laver tous les légumes.

— Ne t'inquiète pas. Va le voir, on se débrouillera.

Quand j'arrive à l'hôpital, Roman est couché dans son lit, une perfusion dans le bras. Il n'est pas content. Je l'embrasse.

— Ça va, mon cœur ?

— Je vais rester combien de temps avec ce truc ?

— Je suppose qu'ils s'occupent de toi. Papa m'a dit qu'on faisait des examens. Écoute, tu sais que c'est le mariage de Pierre et que je ne peux pas les laisser avec tout sur les bras. Tant qu'ils n'ont rien décidé, je ne peux rien faire ici pour te soulager. Si tu veux bien, je vais voir les infirmières et leur demande de m'appeler dès qu'il y a du nouveau. De mon côté, je t'appelle ici dans la chambre toutes les heures ? O.K ? Tu peux comprendre ?

— Les autres passent toujours avant moi. J'ai peur, et tu t'en vas ! dit-il d'un ton boudeur.

C'est tout à fait ce qu'il faut me dire pour que je me sente encore un peu plus mal.

— Il n'y a pas de raison que tu aies peur. De toute façon, je reviens dès qu'ils décident de t'emmener en salle d'opération.

Je pars le ventre noué. Que puis-je faire ?

La matinée touche à sa fin quand je reviens en cuisine. Toute la famille de Michèle s'est mise au travail. Je leur explique qu'on peut m'appeler d'une minute à l'autre et qu'il vaut mieux que je donne quelques consignes au cas où je n'aurais pas le temps de tout finir.

Il y a une certaine tension qui règne. Je n'ai absolument pas la tête à ce que je fais. Je suis avec mon fils en pensée et donnerais n'importe quoi pour être près de lui.

À midi, j'appelle la clinique.

— Madame, on opère votre fils à 14 h. Il faut vous dépêcher pour le voir avant qu'on ne le descende. Il est nerveux, et on aimerait que vous soyez là.

— J'arrive. Attendez-moi.

J'entre dans la cuisine et regarde Michèle.

— On m'attend à la clinique, je dois y aller, Michèle, on l'opère dans deux heures ! Je suis désolée de vous laisser terminer seules, mais je n'ai pas le choix.

— Va, me dit Michèle, et embrasse-le pour moi.

Je sais que tout le monde autour de la table ne pense pas comme elle. Mais cela m'est bien égal. Mon fils passe avant tout. Michèle me comprend. Elle a adopté et élevé seule ses trois enfants. Elle a sacrifié beaucoup de choses pour les voir heureux. Et le mariage de son aîné est l'aboutissement d'un parcours qui n'a pas été facile.

Tant pis pour Julien, je ne le préviens pas. Pas besoin de l'avoir dans mes pieds maintenant. Je n'ai aucune envie d'être confrontée à une nouvelle méchanceté. J'ai envie d'être seule avec mon piou.

Je déboule essoufflée, dans sa chambre. On le prépare. Je vois que mon arrivée le rassure.

— Tu viens avec moi, hein ? demande-t-il, inquiet.

— Je peux ?

— Bien sûr, répond l'infirmière, jusqu'à la salle d'opération. Après, il faudra remonter attendre dans la chambre.

Je descends avec eux. Je lui tiens la main. Je suis émue. C'est la première fois qu'un des enfants est hospitalisé. Arrivés en salle de préparation, l'infirmière me demande de l'aider à transférer Roman de son lit à la civière. Il se met à hurler.

— Ne me touchez pas, ne me touchez pas ! Vous me faites mal, lâchez-moi, lâchez-moi !

Il crie et pleure comme un bébé. Je rentrerais sous terre. L'infirmière, elle, ne semble absolument pas perturbée par les insultes qu'il lui lance. Elle me fait un clin d'œil et l'emmène.

J'ai mal de le voir partir. J'ai le sentiment de l'abandonner. Je sens les larmes qui coulent sur mes joues. Il a passé la double porte de la salle d'opération. Il faut que je fasse demi-tour et que j'aille l'attendre dans sa chambre. Surtout ne pas pleurer dans les couloirs. Je lève les yeux au ciel pour retenir les larmes qui veulent s'échapper. Je parcours les couloirs comme une somnambule. Combien de fois ne les ai-je pas parcourus, accompagnant comme bénévole des malades que je véhiculais à travers tous les hôpitaux de Bruxelles pour leur traitement anti-cancéreux ? C'est parce que j'ai pu apprécier la qualité de leurs soins dans cet hôpital et l'humanité de leur accueil que je l'ai choisi quand maman a eu sa perforation de la vésicule au retour d'Italie.

Heureusement, il n'y a pas d'autre patient dans la chambre. Elle est si vide sans le lit et sans mon fils. Juste un fauteuil et un téléphone. Je m'approche de la fenêtre et, d'un air distrait, je regarde le parking. Je me sens seule. Moi aussi, j'ai peur. Je sais que c'est une opération bénigne, mais c'est mon enfant qu'on endort, qu'on charcute, qui a peur et qui a mal. Voilà les larmes qui reviennent. Mais cette fois, je les laisse couler.

Et de nouveau, cette angoisse m'étreint, incontrôlable, ce sentiment affreux d'abandonner mon enfant. Mais pourquoi suis-je toujours aussi mal dès que je les quitte, dès qu'ils pleurent, dès qu'ils souffrent ?

Depuis hier tout se bouscule, tout va trop vite. Je me sens dépassée, je ne contrôle plus rien, et ça me fait paniquer. Si encore j'avais pu compter sur son père ! Et Jean non plus n'est pas là… Jean ! J'ai oublié qu'il ne sait rien de toute cette histoire. Je n'ai pas voulu le réveiller cette nuit, et ce matin il partait tôt pour une réunion de famille à Anvers. Je me culpabilise aussi de penser à lui quand mon fils est si mal.

Il ne sait pas que je suis ici, à deux pas de chez lui, avec Roman endormi sur une table d'opération trois étages plus bas. J'ai un moment de panique. Il doit venir me prendre dans trois heures pour aller avec moi au mariage. Et je n'ai aucun moyen de le joindre ! Pourvu, mon Dieu, pourvu qu'il rentre chez lui avant d'aller me chercher pour que je puisse le prévenir par téléphone.

J'essaie immédiatement, mais il ne répond pas. Je réessaierai plus tard. En attendant, je sors de la chambre pour aller me chercher un café. En passant devant une chambre voisine, j'entends une voix qui m'appelle :

— Et alors ! On ne dit plus bonjour aux copains ?

Je reconnais la voix, la barbe et le geste grandiloquent de Franck.

— Qu'est-ce que tu fais par ici ? me demande-t-il, c'est encore ta maman ?

Franck a été l'auxiliaire de Jean pendant plusieurs années. Il connaît bien maman aussi. Avec leur coffre puissant, l'un chez les basses et l'autre les sopranes, c'est à qui des deux chantait le plus fort pendant la messe. Sacrée concurrence!

— Non, c'est Roman, dis-je. On l'opère d'une appendicite.

— Allez, courage, ça va aller!

Bien sûr, ça va aller! Les gens ont toujours cette formule aux lèvres quand ils ne savent pas quoi dire devant le chagrin ou la souffrance des autres. Je retourne dans la chambre et essaie encore le téléphone. Toujours rien. Une heure, une heure et demie, deux heures. Pas de nouvelles d'en bas, pas de réponse chez Jean. Je ne pense plus au mariage. Je m'en contrefous! Je voudrais mon fils, je voudrais mon homme, et surtout je voudrais ne plus avoir à porter seule tous mes problèmes.

J'essaie encore. Ça sonne occupé! Ouf, au moins, il est rentré chez lui. J'essaie une fois, deux fois, cinq fois, dix fois... toujours occupé. Mais qu'est-ce qu'il fait? Avec qui tient-il une conversation aussi longue? J'en pleurerais bien d'impatience!

Enfin, je l'entends.

— Allô, j'écoute!

— C'est moi. Je suis à l'hôpital avec Roman.

— Je sais. Comment va-t-il? Il est remonté dans sa chambre?

Il m'a coupé mon effet!

— Mais comment tu sais?

— Je viens d'avoir Franck au téléphone. Il m'a dit qu'il t'avait vue et que Roman était en salle d'opération.

— C'est avec lui que tu téléphones depuis des heures?

— Pas depuis des heures... tu exagères! Calme-toi, je suis là, dis-moi ce que je peux faire et comment on s'arrange pour ce soir. Tu veux qu'on annule? Si tu veux, je reste avec toi.

— Non, non, je te rappelle dès que je sais quoi. Je suis contente de t'entendre, tu sais. Je me sens complètement paumée. Je suis crevée!

Je sens que je vais me remettre à pleurer. Mais je suis surtout mécontente de lui avoir montré ma mauvaise humeur.

— En tout cas, pas question de partir demain en Ardenne. On retarde le départ le temps de s'organiser.

— Bien sûr! S'il le faut, je partirai seul, et tu me rejoindras dès qu'il pourra sortir.

Je respire. Comme c'est confortable, un homme calme, mesuré, réfléchi.

J'attends encore quelques minutes et, enfin, on me fait savoir que je peux descendre voir mon fils en chambre de réveil. Tout s'est bien passé. J'entre sur la pointe des pieds. Il y a là plusieurs lits les uns à côté des autres. Mon bébé, mon petit, couché là, complètement groggy! Je lui caresse la joue, il ouvre les yeux. Je prends sa petite main potelée. Il a beau avoir quinze ans, il est tout rondouillet, et ses mains ont encore les fossettes de l'enfance. Je le regarde, silencieuse, pendant de longues minutes. Je lui chuchote à l'oreille:

— Tu n'as plus mal?

Il fait non de la tête. Il referme les yeux. L'infirmière revient.

— Il faut le laisser, Madame.

— Je peux revenir tout à l'heure?

— Il sera dans sa chambre d'ici une petite heure.

Je l'embrasse tout doucement.

— Je reviens après le mariage. Ce ne sera pas long !

L'infirmière me conseille d'entrer par les urgences si je viens après 21 h ce soir.

Je vais dans le hall pour téléphoner à Jean, qu'il vienne me chercher. Je laisse là mon véhicule que je reprendrai cette nuit.

Dans sa voiture, tout en conduisant d'une main, il me glisse sur les genoux un tout petit paquet. J'ouvre. Sur un coussin de soie repose une alliance en lapis-lazuli ! Trop émue pour parler, je lui serre la main et la presse contre ma joue.

CHAPITRE 10

La fête bat son plein. Jean et moi sommes assis devant notre assiette. Rien ne coupe son appétit. Moi bien. Je ne pourrais rien avaler.

— Mange quelque chose, me dit-il, tout ce que tu as préparé est délicieux ! Après, on s'en va. Ce n'est pas la peine de rester ici. Tu veux être près de ton fils et c'est normal. Michèle comprendra.

Je le remercie des yeux. Dès que je pense à Roman, j'ai envie de pleurer. On s'en va discrètement. Dans la voiture, assise dans le noir tout contre lui, je tourne et retourne l'alliance autour de mon doigt. Le symbole de cette bague m'a touchée en plein cœur. Je ne pensais pas qu'un vieux célibataire comme lui pouvait avoir ce genre d'attention.

— Écoute, lui dis-je, demain, on ne va pas pouvoir partir après la messe, comme on l'avait prévu. Alors, si tu veux, après avoir embrassé Roman et m'être assurée qu'il va bien et qu'il dort, je viens passer la nuit chez toi.

— Je ne demande pas mieux, mais ce ne sera pas très confortable ! Tu connais ma banquette. Je n'ai ni fleur, ni champagne, ni douche, ni parfum. Rien de ce qu'on avait prévu… Ce sera assez spartiate.

— Peu importe. C'est ce soir que j'ai envie de dormir avec toi. Je ne sais pas quand je pourrai venir et je ne veux plus attendre.

— D'accord !

Le silence s'installe, mais l'émotion est palpable. On sait l'un comme l'autre ce qui va se passer dans quelques heures, et cela donne un certain poids à notre silence. Il est déjà érotique par les battements de nos cœurs et les pensées qui nous traversent l'esprit.

Il me dépose devant les urgences.

— Je te rejoins tout de suite !

— Surtout, prends ton temps. On a toute la nuit…

Quel sous-entendu ! Il est parvenu à soustraire ma culpabilité à mon désir. Et ce sont les sens en émoi que j'entre par la petite porte des urgences.

C'est étrange, l'atmosphère d'un hôpital la nuit. Tous les bruits sont feutrés, les lumières diffuses, et les couloirs déserts ne se prêtent pas à la flânerie. Ça me rappelle soudain la nuit où j'ai laissé Julien, la veille de son opération. En sortant, je m'étais perdue dans les étages et les couloirs, et je m'étais retrouvée devant la morgue. Le choc avait été d'autant plus fort qu'on opérait mon mari d'un cancer et que le médecin ne savait ni ce qu'il cherchait ni ce qu'il allait trouver. J'avais beau ne pas ressentir la mort, j'y avais tout de même pensé.

Allons bon, voilà que je repense à lui, alors qu'il avait finalement disparu de mes pensées. Je ris toute seule. « *Va te faire voir !* », me dis-je tout bas. Rien que de le dire… ça me soulage !

La chambre est plongée dans le noir. Roman respire doucement. Ses cheveux collent à son front moite. Il semble détendu. Je lui touche la joue, il entrouvre les yeux.

— C'est toi m'an ?

— Oui, mon cœur. Comment ça va ?

— Ça va. Et la fête ?

— C'était bien, mais j'avais envie de revenir près de toi. De te faire un bisou avant la nuit.

— Tu rentres à la maison ?

Prise de cours, je réponds :

— Oui, mais je reste un peu près de toi, le temps que tu te rendormes. Demain, on ne partira pas. On va attendre de voir ce que le docteur va dire. Dors, maintenant. Je partirai après et reviendrai demain avec papa et Aurélien. On préviendra tes grands-mères aussi et toute la famille. Tu vas te faire chouchouter ! Et quand tu sortiras, tu viendras faire ta convalescence en Ardenne. Dors, maintenant.

Je m'assieds à ses côtés et lui caresse la main. Je le sens qui part tout doucement. La porte s'ouvre, et l'infirmière me fait un petit signe en me demandant si tout va bien. Je lui fais comprendre que oui et que je vais m'en aller. Un dernier baiser à mon fils, un dernier regard, et je sors sur la pointe des pieds, rassurée.

Dehors, la nuit est chaude et dégage des parfums de sensualité, de volupté, de désirs à fleur de peau. J'aime cette ambiance qui prépare aux préliminaires amoureux. Qu'y a-t-il de plus aphrodisiaque que ces minutes qui précèdent la rencontre, avant le contact ultime de deux corps qui s'attendent, hérissés d'un désir exacerbé ?

Encore quelques mètres, encore quelques minutes, et tout va se jouer ! Tant pis pour le champagne, les fleurs et la musique. C'est l'imprévu… qu'on n'avait pas prévu !

Je n'ai pas besoin de frapper au portail, il est là derrière, qui m'attend. Plus un mot, il me prend la main et me conduit à travers le jardin. On entend chanter des grillons et croasser les grenouilles de la mare. Une jolie lumière tamisée éclaire les fenêtres et marque le gazon de taches comme des rayons de lune. Je suis sous le charme de l'atmosphère. Tout est silencieux et rend le battement de mon cœur assourdissant. Je sens sa main très déterminée. On dirait qu'il est sûr de lui, alors que moi qui ai une certaine expérience, je me sens comme une gamine qui va être déflorée !

Dans le pavillon, le feu ouvert est allumé. C'est cela qui donne une si jolie lumière vu de l'extérieur. Sur une petite table, deux beaux verres en cristal et une bouteille de vin, à défaut de champagne. Toujours sans un mot, il me conduit dans un coin de la pièce où, accroché à un paravent, un peignoir est préparé à mon intention. Un peignoir à lui, bien sûr ! Donc, démesurément grand pour moi. Je ris intérieurement à l'idée de l'image que je vais lui donner dans cette tenue. Il me prend dans ses bras et embrasse doucement mes lèvres. Je me sens fondre. Doucement, il me glisse à l'oreille :

— Déshabille-toi et mets ce peignoir, je t'attends près du feu !

Derrière le paravent, je me déshabille et me glisse dans le peignoir. Effectivement, mes bras disparaissent dans les profondeurs de ses manches, et sa longueur me fait l'effet d'avoir une traîne ! Le rire qui me montait à la gorge en me regardant flotter dans son vêtement s'étrangle brusquement quand je le découvre debout devant le feu ouvert, qui me regarde avancer vers lui. Qu'il est beau ! Il me tend la main. Mes pieds nus foulent le tapis de soie, et la douceur qui s'en dégage irradie dans mes jambes, mon ventre, mes seins. Je ne quitte pas le fond de ses yeux et, pour la première fois, j'y plonge avec le désir sauvage de m'y perdre. C'est cela que son regard me promet, et je m'y soumets avec délice.

Il me tend un verre, en prend un aussi et, les faisant se croiser, nous buvons dans nos coupes ainsi échangées. Signe d'alliance, signe de partage : en acceptant la coupe qu'il m'offre, j'accepte la relation dans laquelle il m'entraîne.

Il n'y a plus de gêne, il n'y a plus de doute, il n'y a plus que le seul désir de s'abreuver de l'autre, de se donner et de se prendre. Je me noie dans ses yeux, je me saoule de son souffle.

Lentement, il ouvre les portes d'un jardin jusque-là interdit. Mes mains le guident, je suis émerveillée de découvrir que c'est pour lui la première fois.

CHAPITRE 11

Si Ève, au réveil du premier matin, n'eut pas à s'inquiéter des conséquences de son abandon à Adam, ni de sa progéniture, moi, au contraire, il me faut replonger dans la réalité de mes maternités et Jean dans celle de sa célébration hebdomadaire.

J'appréhende cette première messe où je serai face à lui, après les émotions de la nuit. Mais contre toute attente, je n'en ressens aucune culpabilité. Au contraire, je suis émerveillée par ce cadeau qui m'est donné : l'amour de cet homme que j'adore et qui, pourtant, est tout dévoué à son Dieu. Je suis subjuguée par ses mains qui officient et qui, de la même façon qu'elles consacrent, savent me toucher avec tant de douceur.

J'avais peur que son regard me fuie et se détourne s'il croisait le mien. Mais au contraire, cela arrive sans le chercher, et pas une seule fois je ne le sens honteux ou gêné. Il y a de la connivence, de la tendresse, de la joie dans les regards et les sourires discrets que nous échangeons. Heureux et complices dans chaque moment de la vie.

Mensonge et culpabilité vont de pair, amour et vérité aussi.

J'ai été habitée si longtemps par cet amour interdit, secrètement enfoui au fond de moi et que je devais taire. Pas question pour moi de passer de l'ombre à la lumière. S'il n'y a plus d'interdit entre nous, il faut néanmoins se taire, se cacher. Surtout pour les enfants, que je ne veux pas blesser. Si j'avais su…

Roman savait, mais n'a jamais rien dit. Ce n'est que des années plus tard qu'il me l'a avoué : « *Tu sais, une nuit, quelques jours après mon retour de l'hôpital, quand nous étions à Journal, je me suis levé pour te demander quelque chose. Tu n'étais pas dans ta chambre, tu n'étais nulle part dans la maison, donc j'ai compris que tu dormais avec Jean.* » Il n'a rien dit de plus, mais je ne peux qu'imaginer sa souffrance devant cette découverte qu'il ne pouvait partager avec personne. En a-t-il parlé avec son père à ce moment-là ? Je ne sais pas. Par contre, je me souviens d'un coup de fil de Julien, alors que nous étions là-bas depuis deux semaines.

— Tu en es où dans ton histoire avec ton curé ?

Il me demande ça avec brusquerie. Je n'ai pas d'autre choix que de mentir.

— Nulle part.

— Tu mens !

— Mais non, je ne mens pas, dis-je en mentant effrontément.

J'ai horreur de la dissimulation, du mensonge, de l'hypocrisie, et j'y suis contrainte par ma promesse.

— Tu mens !

Il ne m'avait jamais parlé sur ce ton.

— Je te dis qu'on n'est nulle part ! Rien n'a changé dans notre relation !

— Est-ce que tu penses aux enfants ?

— Les enfants vont bien, je ne vois pas ce que tu veux dire. Fous-moi la paix !

— Tu ne vois pas que Roman ne va pas bien ?

Non, je n'ai pas vu que Roman n'allait pas bien. S'il avait parlé à ce moment-là, peut-être que l'histoire, la sienne en tout cas, aurait pu tourner autrement. Mais on ne refait pas l'histoire à l'envers… sauf en l'écrivant.

À la rentrée de septembre, Roman est entré à l'école hôtelière de Namur. Les semaines se déroulent dans la sérénité et le calme. Je suis libre de mes allées et venues la journée, mais je suis toujours à 16h à la porte de l'école pour Aurélien. Les week-ends, Roman rentre à la maison, mais est aussitôt reparti soit chez son père, soit chez ses copains. Ce n'est pas le grand enthousiasme pour ses nouvelles études, mais il y met de la bonne volonté.

En dehors des deux matinées où je travaille avec Jean à la paroisse, nous avons de grands moments de liberté. Nous parcourons la Belgique dans tous les sens, visitons pas mal d'expositions, chinons dans toutes les salles de vente. Bref, je découvre les plaisirs de la retraite à quarante ans.

Le plus difficile est de ne pas pouvoir dormir ensemble. Si nous avons tout le loisir de nous aimer le jour, la nuit nous est interdite. Mais je ne regrette pas d'avoir connu ces moments où il faut se séparer et s'attendre jusqu'au lendemain. J'ai aimé la fièvre qui précède chacune de nos retrouvailles, la fougue de chaque étreinte qu'on vole à l'interdit, la joie qui irradie de nous et qui nous a finalement trahis. Nous pensions être discrets… mais peut-on cacher un amour quand il déborde avec autant de chaleur de chacun de nos regards, de chacune de nos paroles ? Autour de nous, les gens se taisent, mais nous observent !

Il arrive qu'Aurélien soit invité chez un ami. Ces jours-là sont jours de fête ! Je ne dois pas rentrer dormir à la maison. Jean s'est résolu à acheter des lits doubles, un pour chez lui, un pour Journal. Finies les acrobaties pour rester sur le même matelas toute une nuit sans qu'un des deux ne se retrouve sur le tapis, même s'il est d'Orient !

CHAPITRE 12

Nous allons faire notre premier voyage en amoureux! Voyager, c'est vivre ensemble jour et nuit, et cette perspective me rend très impatiente.

Un matin, m'étant réveillée en pensant à mon frère, l'envie me prit subitement de le revoir. C'était comme un besoin urgent de combler un vide qui durait depuis douze ans. Il était parti vivre en Israël, et je ne l'avais plus revu depuis. Je n'avais pas pu assister à son mariage près de Tel Aviv, et sa famille s'était élargie et comptait déjà trois enfants.

Mon frère est la couronne d'épines de ma très sainte et très catholique mère! Il doit sûrement l'être depuis sa naissance, parce que, quand elle en parle, il semble être arrivé comme un boulet de canon dévastant tout sur son passage. Elle ne s'est jamais rendu compte à quel point son attitude envers lui a été le moteur de son départ. Il l'a toujours démenti, mais je reste persuadée que c'est la raison pour laquelle il a fui le gynécée dans lequel nous avions grandi. Mère, grands-mères, tantes, sœurs, cousines… que des femmes! Malgré la présence de notre père, surnageant tant bien que mal dans cet environnement féminin, c'était un chœur de voix de femmes qui avait bercé notre enfance.

Jean-Christophe, né onze mois après moi, avait dû se battre pour prendre sa place au milieu de quatre sœurs. Quand je dis se battre, ce n'est pas qu'une image! Il se défoulait souvent sur moi. J'ai eu le coccyx fêlé à cause de la force et de la fréquence de ses coups de pied bien placés, sans compter les multiples bleus, crachats, pipis dans les bouteilles de notre petit magasin, les blagues en tous genres qui n'étaient pas toujours du meilleur goût.

Pourtant, nous nous entendions bien pour certains jeux. Nous avions fondé à quatre, parce que notre aînée était trop grande pour nous, le club des « FiPiMiTo's », c'est-à-dire un assemblage savant de lettres contenues dans nos surnoms. Moi, c'était Mimiche; lui, on le surnommait Pico, sûrement en raison de son attitude pour le moins piquante. Je ne sais plus, par contre, comment nous étions arrivés aux surnoms Fifette et Totome pour les deux autres. À l'heure actuelle, elles sont toujours Tante Fefette et Tatanne pour les enfants de la famille. Mon frère, lui, a opté depuis pour un nouveau nom juif: Inon.

C'est ici que commence le vrai chemin de croix de notre mère. Après s'être converti, et ce ne fut pas sans mal pour lui, ni sans souffrance pour maman, il a épousé la fille d'un rabbin et compte bien le devenir un jour à son tour.

Mes parents étaient allés à la noce, heureux de voir leur fils unique enfin casé, bien que ce soit avec une juive. Mon père était revenu ému, ma mère meurtrie. Faisant fi de ses griefs contre sa belle-fille, elle était pourtant retournée en Israël une fois encore, à la naissance du premier fils de mon frère, mais s'était tellement disputée avec sa femme qu'elle n'y est jamais plus allée.

J'étais la seule à avoir gardé des contacts avec lui lorsqu'il avait quitté la maison, très jeune, à la recherche d'un absolu qu'il ne trouvait pas chez les chrétiens, malgré les retraites qu'il faisait dans l'un ou l'autre mouvement religieux. Il se cherchait, difficilement, mais je me sentais très proche de lui. Ce qu'il cherchait était d'ordre spirituel, et même si notre recherche n'était pas la même, je cherchais moi aussi. De façon sans doute plus traditionnelle, puisque j'avais voulu à dix-sept ans entrer au Carmel – rien de plus… rien de moins – pour me marier finalement à vingt ans et échouer dans les bras de Julien ne croyant ni à Dieu ni au diable !

Voilà donc pourquoi, ce matin d'avril, je me réveille avec l'urgente envie de voir mon frère, de connaître cette belle-sœur juive qui avait osé tenir tête à sa catholique belle-mère, et de rencontrer mes trois neveux et nièce dont je ne connais que les prénoms.

Jean n'aime pas voyager. Je crois que cela date de l'exode de 1940. Il était tout petit, mais se souvient très bien de sa grande frayeur lors de cette fuite vers la zone libre. Il a encore, à soixante-dix ans passés, des images très claires de cet exil dans la tête. En tout cas, le persuader de m'accompagner en Israël ne fut pas trop difficile. La Terre Sainte garde tout son attrait pour les chrétiens et particulièrement pour les prêtres.

De plus, nous avions la possibilité de faire escale deux jours à Istanbul avant d'atterrir à Tel Aviv. Istanbul faisait partie de ce rêve que nos lectures communes nous donnaient envie d'explorer.

Julien s'est donc installé dans mon appartement pour garder les enfants pendant mon voyage. Personne ne sait que Jean m'accompagne. En dehors de mes sœurs et de ma meilleure amie, personne ne connaît la relation qui nous unit et qui avait fini par être dévoilée à ceux en qui nous avions confiance. La version officielle de mon voyage est que je vais voir mon frère en Israël, et Jean en profite pour ne pas faire seul un voyage en Terre Sainte. Ne dit-on pas que les excuses sont faites pour s'en servir ?

De notre escale à Istanbul nous gardons au fond du cœur le souvenir d'une expérience mystique bouleversante au cœur de la mosquée bleue. Assis sur le merveilleux tapis qui recouvrait le sol (encore un tapis !), dans un silence impressionnant, nous avions été touchés par la sérénité qui se dégageait du lieu. La prière, dans un endroit comme celui-là, s'élance sans mots, avec une force mystérieuse qui donne envie de dire : « *Tu es là, Tu es grand, Tu m'aimes et je T'en rends grâce* ». Nous étions sortis heureux d'avoir porté nos prières dans ce lieu où la présence de Dieu se ressentait avec une telle puissance.

À notre retour à l'hôtel, j'appelle mon frère, comme convenu, pour confirmer mon arrivée le lendemain.

— Shalom, mon frère, dis-je émue.

— Shalom, ma sœur, me répond-il.

Cette salutation me touche toujours. Je la trouve porteuse de sens, de paix, de réconciliation. Elle a, pour moi, quelque chose de divin.

— Alors, dit-il, où es-tu ?

— À Istanbul.

— Tu arrives quand ?

— Demain, vers midi. On a réservé une voiture.

— Je ne pourrai pas venir vous chercher, prévient-il.

Je me sens très déçue.

— Pourquoi ?

— Ma femme est à l'hôpital.

— Ta femme ? Mais qu'est-ce qu'elle a ?

— Elle accouche.

— Mais tu ne m'as pas dit qu'elle était enceinte ! dis-je, interloquée.

— Je n'ai pas besoin de tout te dire, me répond-il assez sèchement.

Je prends ça en plein cœur. Je me déplace pour venir le rencontrer, ainsi que sa femme et ses enfants, et lui ne me dit pas qu'elle en attend un quatrième et qu'elle est à deux doigts d'accoucher ! Pourquoi un tel mystère ?

— OK, mais tout de même, une nouvelle grossesse, ce n'est pas n'importe quoi !

— Écoute, elle accouche alors qu'elle est à six mois de grossesse. Il y a des complications, et je dois rester près d'elle.

— Oui, je comprends parfaitement. Dis-moi simplement où et quand on peut venir te voir.

Sans répondre à ma question, il me demande avec une certaine agressivité qui me refroidit :

— C'est quoi cette histoire que tu voyages avec un prêtre ? Pourquoi est-ce que tu me l'amènes ? Je n'ai aucune envie de le recevoir. Tu dois pourtant savoir ce que je pense des prêtres catholiques !

C'est mal parti ! Mais je ne suis pas venue si loin pour me disputer avec lui. J'essaye de garder mon calme.

— Bien, dis-je pour calmer le jeu. Je ne te l'imposerai pas, je viendrai seule.

— Téléphone-moi demain dès que vous êtes installés dans votre kibboutz. Je te dirai comment se déroule l'accouchement, et on verra quand on peut se voir. À demain !

Et voilà, court, bref, tranchant… intolérant ! Je me sens affreusement déçue et triste. Comment dire à l'homme qui m'accompagne que mon frère ne veut pas le voir ? Je mésestime sa compassion, sa sagesse et son intelligence.

— Je comprends très bien ton frère, me dit-il. Tu débarques après douze ans de silence, c'est normal qu'il veuille te voir seule.

Je n'ai pas osé lui dire que c'est, avant tout, pour des raisons religieuses qu'il ne veut pas le rencontrer.

— J'irai te conduire et attendrai dans la voiture. Ne t'inquiète pas pour moi, je prendrai un bouquin.

Mais moi, je me sens tendue, et il doit lui aussi ressentir ma tension, car le lendemain, à peine débarqués à l'aéroport de Tel Aviv, il se fait un tour de reins en mettant sa lourde valise dans le coffre de la voiture. Ce voyage sur le sol trois fois saint commence bien mal ! Ce sera un calvaire pour lui pendant trois jours. Il ne peut plus rien soulever, monter et descendre des escaliers devient une torture, il sort du lit à quatre pattes, et c'est une véritable gymnastique pour le faire entrer et sortir du bain. Par contre, une fois couché, il retrouve une certaine ardeur et souplesse : sans doute, l'effet des huiles essentielles combinées à un massage approprié.

Mon frère me fixe rendez-vous chez lui le lendemain à 16h. Notre hôtel se trouve à quelques dizaines de kilomètres de son village. Il m'explique le chemin et me prévient qu'il habite une petite ville où ne résident quasiment que des « religieux ». Me voilà avertie…

Arrivée devant chez lui, Jean m'embrasse, me souhaite bon courage et bonne chance. Il m'attendra dehors. Encore un peu naïf, il me lance :

— Remets-lui mes amitiés !

Tu parles ! Je vais surtout me taire !

Je me retrouve alors dans un monde que je n'ai qu'entraperçu à la télévision ou au cinéma. D'abord, trouver le bon appartement ! Tout est écrit en hébreux… J'ai l'impression de m'être égarée dans une autre époque. Autour de moi grouillent des enfants habillés comme dans la Bible. Quant aux adultes, ils portent tous ici l'uniforme austère des juifs traditionnels. Veste noire sur chemise blanche bien fermée au cou, pantalon noir d'où descend la corde faisant partie de leurs attributs religieux, barbichette et, sur la tête, la kippa et les phylactères. Voilà l'image de mon frère que je prends en pleine face quand je trouve enfin la bonne porte et qu'il l'ouvre pour me recevoir. La première gêne passée, sans un élan vers moi, il s'écarte pour me laisser entrer. Un juif n'embrasse pas une autre femme que la sienne, même pas sa sœur !

— Où est ton ami ? demande-t-il, tout en regardant par-dessus mon épaule.

— Il attend dehors.

— Comprends-moi, dit-il. Les prêtres catholiques ne sont pas bienvenus ici.

— Il n'y a pas de problème. Il lit dans la voiture. Comment va ta femme ?

Il me fait entrer dans son appartement et m'invite à m'asseoir dans un grand canapé de cuir.

— Elle est toujours à l'hôpital. L'enfant est né prématuré sous césarienne et est sous oxygène.

— Je peux les voir ?

— Je ne crois pas que ce soit le moment.

Il semble très nerveux. Il fait les cents pas dans le salon. Le téléphone sonne, il décroche et se met à parler en hébreu. Il le parle couramment, et cela m'impressionne, lui qui ne pipait pas un mot de flamand ni d'anglais ! Il étudie la Torah, et c'est la langue dans laquelle il pratique sa nouvelle religion. Quand il raccroche, il me dit :

— C'était mon rabbin. Je dois lui demander conseil. À l'hôpital, les médecins veulent ligaturer les trompes de ma femme, et nous ne voulons pas.

— Mais, dis-je, si sa vie est en danger lors d'une prochaine grossesse ?

— C'est la raison pour laquelle je suis obligé d'avoir l'avis de notre rabbin. Nous ne pouvons pas décider sans lui !

Je suis surprise !

— Mais c'est la vie de ta femme ! Et vous avez déjà quatre enfants !

— Chez nous, c'est comme ça ! Une femme doit faire le maximum d'enfants pour repeupler Israël.

Je sens que le sujet est brûlant et qu'il vaut mieux ne pas m'en mêler.

— De toute façon, ce n'est pas aux médecins à prendre cette décision et sûrement pas dans la précipitation. Je sais ce que c'est d'avoir une césarienne, dis-je, j'en ai eu deux, et ce n'est pas le moment de parler d'opérer quand on est encore sous le choc d'un tel accouchement !

Il se détend devant ma réaction. Il me fait parler de la famille, des parents, de mon divorce, de mes enfants. Il me raconte sa vie tout en étant interrompu à tout bout de champs par les allées et venues de ses congénères qui lui apportent du travail. En dehors de sa passion pour la musique, pour gagner un peu d'argent, mon frère répare les radiocassettes de la communauté dans laquelle il vit. C'est un instrument fort employé pour leurs chants et danses lors du shabbat, et ils ont souvent besoin de réparations. Pendant tout l'après-midi, ces étranges barbus ont défilé chez mon frère, sans qu'aucun ne me regarde ni ne me salue ! Je suis assez décontenancée.

Heureusement, ses enfants arrivent, et je distribue avec soulagement les cadeaux, Legos, voitures et peluches amenés d'Europe. Les consignes qu'il m'avait données avant de partir concernant le choix de jouets à leur offrir avaient été claires : pas de représentations humaines !

Au bout d'un moment, voyant qu'il a retrouvé sa bonne humeur et son humour, je me dis que je vais jouer le tout pour le tout et oser lui avouer ma relation avec Jean. De deux choses l'une, ou il le prend bien ou il me met dehors, mais au moins, j'aurai été honnête avec lui.

— Tu sais, je dois t'avouer quelque chose. Le curé qui attend dehors et moi, nous nous aimons.

Il me regarde avec un sourire narquois au coin des lèvres.

— Tu veux dire que toi et lui…

Il fait un geste qui veut dire « ensemble ? »

— Oui, nous avons une relation amoureuse, dis-je, amusée par le geste qui exprime sa pensée sans oser employer les mots.

Il éclate de rire.

— Mais il fallait le dire tout de suite ! Enfin un curé qui jette sa soutane aux orties ! Et avec ma sœur par-dessus le marché !

Notre mère doit être folle de colère !

— Elle ne le sait pas, d'autant plus que c'est « son » curé !

— Va le chercher, ce beau-frère ! C'est trop drôle. Va lui dire qu'il est le bienvenu.

Je sors en riant, soulagée et heureuse. Si j'avais su ! Je n'aurais pas autant stressé.

Je trouve mon « barbu blanc » en grande conversation avec un « barbu noir » qui essaye de savoir ce qu'il attend là. La méfiance est de mise dans ces quartiers où règne la crainte d'attentats. Je prends Jean par la main et lui explique en deux mots ce qui vient de se passer.

Le religieux nous regarde, interloqué, entrer chez mon frère.

Je n'oublierai jamais cette rencontre entre ces deux hommes si différents, qui font tous les deux partie de ma vie et qui, au lieu de s'affronter sur un sujet aussi explosif que leur foi, se découvrent l'un l'autre avec tolérance et ouverture. Je vois bien que Jean est remué par l'échange qu'il a avec Jean-Christophe (rebaptisé Inon). Et moi, je suis subjuguée par leur conversation. La foi vibrante et vivante de mon frère est terriblement interpellante. Même si l'engagement dans sa nouvelle religion a quelque chose de fanatique, je suis impressionnée par son implication totale et aveugle dans le choix de vie qu'il a fait. Servir son Dieu avec autant de renoncement reste pour moi quelque chose d'admirable. Voir David, son aîné âgé de six ans, mener seul la prière avant le repas m'a abasourdie. Plongée dans cette ambiance d'un autre temps, j'admire profondément sa foi et regarde avec émotion mes neveux et nièce si différents des autres enfants de la famille et qui ont pourtant les mêmes racines, les mêmes grands-parents que les miens.

Nous n'avons que quelques heures à partager, mais elles restent gravées dans ma mémoire à tout jamais, même si plus tard je relativiserai ce que j'ai vu et entendu. En embrassant David, Meïr et Tamara, je sais que je ne les reverrai pas avant longtemps. Suivront plus tard Abraham et Isaac, et le décès de ma belle-sœur, que je ne connais toujours pas, après le cinquième enfant!

Bien sûr, après cette escapade dans l'ancien testament, nous sommes allés visiter Jérusalem, mais nous n'avons pas rencontré ce que nous y cherchions... Partout des contrôles policiers, des fouilles. Partout cette tension, où que nous nous promenions. Par inadvertance, comme une idiote, je me précipite au mur des lamentations pour y faire une prière et me trompe de côté: je déboule du côté «hommes». Scandale! Je ne savais pas que le mur était séparé, un côté pour les hommes, un autre pour les femmes. Dans la grande mosquée de l'esplanade, c'est Jean cette fois qui se fera reprendre par un garde parce qu'il incline légèrement la tête en direction de la Mecque.

— Ici, il n'y a que les musulmans qui peuvent prier!

Ambiance! Le tout avec son tour de reins qui lui fait de plus en plus mal. En aurait-il déjà plein le dos?

Je suis dans un coton de tristesse. Nous repartons ce soir, et je n'ai pas revu mon frère. Tout, à l'intérieur de moi, semble secoué par cette rencontre. Le choc de nos retrouvailles et de nos différences m'oblige à m'interroger sur ma vie, ma foi, mes désirs. Surtout, cette séparation est à nouveau une déchirure dans mon histoire. Quand le reverrai-je? Comment vivre avec l'image de ses enfants qui me sont si proches par le sang et si lointains par leur mode de vie?

Je fais mes valises en pleurant. J'ai le sentiment de m'arracher à une part de moi, de l'abandonner. Je ne parviens pas à arrêter mes larmes. Je pleure à gros sanglots dans les bras de Jean, dérouté par un tel chagrin. Je ne sais pas comment lui faire comprendre ce que je ressens. Je suis profondément choquée.

C'est les yeux rouges et hébétés qu'à 23h nous nous trouvons dans la file pour l'embarquement. Mon calvaire n'est pas fini. La file est très longue, les contrôles suspicieux. C'est au tour de Jean de présenter ses papiers. Tout se passe en anglais. Mon compagnon n'en parle pas un mot, et je dois tout lui traduire.

— Vous êtes prêtre catholique ?

Je traduis.

— Et elle ? C'est qui ?

— Ma secrétaire, répond-il posément.

— Vous devez être un personnage important dans votre pays pour voyager avec votre secrétaire !

Le ton est ironique.

— Vous êtes venus pour quoi faire ? Vous avez logé où ? Où avez-vous été ? Qui a fait vos bagages ?

Les questions se suivent, comme un tir de mitraillette. La file s'impatiente, et Jean fait semblant de ne rien comprendre.

— Je ne comprends rien !

— On va faire appeler un traducteur français pour l'interrogatoire. On va interroger Madame séparément puisqu'elle parle anglais.

Je regarde Jean, affolée. On va nous séparer pour nous interroger ? Mais ils sont fous ou quoi ? Nous ne sommes pas des terroristes !

Un garde prend mon bagage et me tire sur le côté. Il pose sur un banc, entre nous, mon gros sac de voyage bourré de souvenirs des souks. L'interrogatoire reprend à toute vitesse. J'ai du mal à le suivre. J'ai la tête à l'envers de fatigue, de chagrin, et cette andouille me pose des questions qui n'ont ni queue ni tête, dans le seul but de me déstabiliser. À brûle-pourpoint il me demande :

— Have you a gun ? (Avez-vous un revolver ?)

Je suis tellement surprise pas la question que je suis prise d'un fou rire.

— A gun ? (Un revolver ?) Mais non, bien sûr que je n'ai pas de revolver.

— Je vais téléphoner à votre frère pour vérifier vos déclarations. Ne bougez pas.

Je regarde autour de moi, subrepticement, pour tenter de voir Jean. Il discute très calmement avec un soldat. J'admire son calme. Il a l'air complètement détendu. Je lui montre du doigt l'horloge au mur. Les aiguilles s'approchent dangereusement de l'heure d'embarquement. Je lui fais signe de partir sans moi.

J'attends toujours le garde. Je ris tout de même ! Un revolver ! Et puis quoi encore ? Tout à coup, je ressens un grand frisson de panique. Je sens mes jambes prêtes à se dérober sous moi. Bien sûr que je n'ai pas de revolver… mais j'ai un superbe couteau berbère dans mon sac à main, celui que j'ai acheté à grand prix au souk pour la collection d'Aurélien ! Avec une belle grande lame, bien tranchante !

Il faut que j'agisse vite. Si le garde me surprend avec ça sur moi, je suis bonne pour passer la nuit au cachot. Je jette un rapide coup d'œil dans la direction où il est parti. Personne en vue. J'ouvre mon sac qui, heureusement, est à hauteur de ma main, j'avance mon sac à main devant moi, l'ouvre, extirpe à toute vitesse l'objet délictueux et le jette dans mon bagage. S'il doit être découvert, il vaut mieux que ce soit dans le sac qui va en soute.

Je sens la sueur me couler dans le dos. Le garde revient, me rend mes papiers et me laisse partir. Je rejoins en vitesse mon cher compagnon, et c'est avec un tout petit peu moins de regret que je quitte cette terre inhospitalière.

CHAPITRE 13

Retour à Bruxelles. Je suis invitée pour la première fois à la réunion mensuelle du doyenné. Me voici admise à la table des « grands » et des « sages » ! À un bout de la table, le Doyen préside et, tout autour de lui, une vingtaine de prêtres plus ou moins réveillés font semblant d'être intéressés. Trois femmes siègent également et, parmi celles-ci, je suis indiscutablement la plus jeune. Parmi les hommes, deux seulement ont une quarantaine d'années. Les autres ont tous tête blanche, grise ou chauve…

Je suis invitée en tant qu'assistante. Je me tais et observe. J'ai le sentiment d'assister à un spectacle… qui sera le même à chaque fois ! Ça débute par celui qui arrive systématiquement en retard et qui s'en va toujours avant la fin. Puis il y a ceux qui s'installent le plus loin possible du Doyen et ceux qui veulent être près de lui. Il y a aussi ceux qui tiennent le crachoir et ceux qui n'ouvrent jamais la bouche, mais n'en pensent pas moins (cause toujours…) Il y a ceux qui ne sont jamais d'accord avec rien et ceux qui disent amen à tout. Enfin, il y a ceux qui s'en foutent et qui attendent l'apéro et le gueuleton qui va suivre.

Moi, je jubile intérieurement. J'imagine leur tête si, tout à coup, je me levais et annonçais que je suis la maitresse de Jean. Rien que d'y penser, je dois me mordre les lèvres pour ne pas éclater de rire. J'ai malgré tout un élan de tendresse pour eux tous. Dans quelle galère se sont-ils engagés et dans quel foutoir sont-ils en train de patauger ?

Ils croient encore dur comme fer à leur Sainte Mère l'Église ou, en tout cas, font semblant. Pourtant, tout s'écroule doucement. Ils veulent se battre pour garder des murs, des bâtiments, chacun son territoire. Pas question de fermer une église. Surtout pas la sienne… à la rigueur celle du voisin !

Mais qu'ils aillent dire la messe sur le parvis, ils auront un public, un vrai ! Un public qui élèvera la voix pour dire « *C'est quoi ce cirque ? Où est ma place à moi dans votre Église ?* » Ou peut-être auront-ils une foule silencieuse, respectueuse, reconnaissante de ce pas extra-muros. Pour ma part, je serais prête à tout essayer plutôt que de prier pour des vocations et un hypothétique arrivage de prêtres et de fidèles venus tout droit du ciel. Mais non : on s'écoute parler, on développe des théories qui ne tiennent pas compte de la réalité, on se gargarise de petits succès personnels. Aucune envergure, aucun projet d'avenir, et puis, avouons-le, un individualisme qui empêche toute action communautaire de voir le jour. Plus de création, plus d'ambition, plus de motivation.

Je sens Jean à mes côtés qui s'énerve. Il me glisse à l'oreille :

— Quel tas de crabes !

Je lui lance un regard courroucé :

— Chuuut !

Et je ponctue d'un doigt sur la bouche. Il oublie qu'il est malentendant et parle plus fort que la moyenne. Il rajoute :

— Et bien quoi, c'est vrai, il n'y a rien qui avance. On perd son temps ici ! J'ai faim, moi !

Même lui, qui pourtant est un homme dynamique, plein d'idées et de ressources, se demande ce qu'il fait là !

La séance va durer deux heures, c'est le maximum qu'on peut demander à ces braves hommes. Moi, je n'ai pas ouvert la bouche. On finit par faire taire les deux femmes qui sont davantage des syndicalistes que des animatrices et, au grand soulagement de tous, on se précipite vers la salle à manger.

Rien n'a été décidé, rien n'a avancé, les questions, les problèmes sont restés entiers, mais chacun est rassuré parce que la réunion s'est déroulée sans incident, que personne n'a engueulé personne, et que tout le monde était là !

Pitié, mon Dieu, pitié pour les bergers de ton troupeau…

CHAPITRE 14

Nous sommes en vacances depuis quelques jours dans notre nid à Journal quand, un soir, timidement, un voisin vient frapper à la porte.

— Je peux voir le Père Jean ?

Il se tient maladroitement sur le pas de la porte, triturant nerveusement sa casquette entre ses grosses mains noueuses. Il danse d'un pied sur l'autre et semble intimidé d'entrer dans cette grande maison qu'eux, les voisins, ont vu construire, se demandant, perplexes, à quoi elle pourrait bien servir. Une maison de redressement ? Un asile pour réfugiés ? Un centre d'accueil pour mères célibataires ? Ils regardaient tous avec méfiance s'élever cette bâtisse qui ne ressemblait à rien de chez eux et qui, pour un abbé seul, avait de bien grandes dimensions.

Aujourd'hui, Alphonse franchit le seuil pour la première fois, mais c'est pour la bonne cause, « *hein l'abbé !* »

— Père Jean, la vieille Isa va pas trop. On croit même bien qu'elle va passer ! Vous voulez pas venir lui donner les sacrements ?

— Pourquoi tu me demandes à moi, Alphonse ? Vous avez bien un curé ici ? demande Jean.

— Bin, oui, mais c'est qu'il s'est enfermé dans son presbytère.

C'est comme qui dirait qu'il est devenu fou !

— C'est quoi cette histoire ? Il est malade ?

— On l'a bien cru, alors on lui a envoyé le docteur, mais il lui a foutu son poing dans la gueule en le traitant de charlatan, d'espion et je sais pas tout quoi !

— Et ça dure depuis combien de temps, ce cinéma ?

— Quelques lunes... I' dit plus la messe que pour lui, il a foutu tout le monde à la porte !

— Bon, Alphonse, je te suis. Elle est où, ton Isa ?

— Vous savez, la maison juste après le tournant, celle à côté de la Marie.

— Celle où la boîte aux lettres est un cercueil ?

— Ouè, vous savez, l'Émile, son homme, il était menuisier et il faisait les cercueils dans le temps.

— Je comprends. Je prends ce qu'il me faut et je viens.

— Merci, l'abbé, j'savions qu'on pouvait vous l'demander, même si vous êtes pas curé ici. Vot' famille, on la connaît tout de même, depuis le temps qu'elle vient chasser. Et puis, on vous a vu galopin courir avec nos gamins !

J'ai suivi la conversation discrètement depuis la cuisine. Jean revient, un peu interloqué.

— Tu as entendu pour leur curé ? Bizarre. Demain, j'essaierai d'en savoir plus. Bien, j'y vais, il ne faut pas faire attendre Isa...

Il ne s'est pas passé une demi-heure qu'il est déjà de retour.

— C'est impressionnant, dit-il.

— Quoi donc ?

— La façon dont la mort est abordée ici dans les villages.

— Pourquoi ?

— À Bruxelles, les vieux à qui je donnais les derniers sacrements étaient en général à l'hôpital et seuls. Ici, toute sa famille est autour d'elle. Ses enfants, petits-enfants, neveux, nièces, même les voisins assistent aux derniers moments. Et si on perçoit la tristesse, il règne une certaine sérénité autour de l'événement. C'est incroyable que, chez des gens aussi simples, on entoure ce départ de paix, de recueillement, comme un moment naturel dans l'évolution d'une vie.

— Mais c'est naturel, la mort !

— Bien sûr, mais partout ailleurs, on entoure ça de larmes, de figures de circonstance, on fuit la présence de la mort chez le mourant et, si possible, on l'envoie mourir à l'hôpital, alors qu'ici, on l'attend, ensemble.

Je le sens touché par ce qu'il vient de voir. Je m'approche de lui et me glisse dans ses bras.

— C'est comme ça aussi que je voudrais partir, dis-je. Près de ceux que j'aime, chez moi, avec ma lumière, mes couleurs, mes odeurs. Avec le regard, la chaleur, l'amour de ceux que j'ai aimés…

Il me serre fort contre lui et me chuchote à l'oreille :

— J'aimerais qu'on parle de ma mort. Selon toute probabilité, je partirai avant toi et j'aimerais préparer avec toi mes funérailles. Je sais que tu respecteras mes volontés et, surtout, si tout est convenu à l'avance, tu n'auras pas à te soucier des détails. Tu me connais suffisamment bien pour savoir combien ces détails sont importants pour moi et que je les voudrais dans mon rite de passage.

Je le regarde dans les yeux. Je suis, moi aussi, émue de cette confidence partagée à un moment aussi inattendu.

— Je serais heureuse de parler de ça avec toi. J'aimerais tellement que ces derniers gestes posés correspondent exactement à ce que tu souhaites. C'est tellement important pour moi de parler en toute confiance d'un sujet naturel dont la plupart des gens ont fait un sujet tabou.

— Si tu veux, on en reparlera. J'avais d'ailleurs déjà préparé un papier, au cas où il m'arriverait quelque chose. C'est dans l'armoire de la sacristie à l'église. Tu sais, après mon accident cérébral, j'ai réalisé que cela pouvait m'arriver à n'importe quel moment et je veux être enterré comme j'ai vécu… aux commandes !

Il sourit et, dans ses yeux, brillent des reflets qui me rappellent tellement le ciel… J'éteins les lumières et lui prends la main pour le guider vers la chambre. Après les mots, j'ai besoin de tout son corps pour lui dire combien je l'aime.

CHAPITRE 15

La mort est venue pour Isa, doucement, deux jours plus tard. Entourée de ceux qu'elle aimait, elle est partie, le sourire aux lèvres, dans son sommeil. Nous l'apprenons samedi matin, quand Alphonse revient, fier d'avoir été désigné pour avertir l'abbé.

— Père Jean, Isa est décédée cette nuit.

— Elle est en paix, Alphonse. On va prier pour elle.

— Justement, on voulait vous d'mander si vous feriez pas ce soir la veillée funèbre.

— Moi ? demande-t-il, surpris.

— Ben oui. Vous. Vous la connaissez maintenant Isa, vu qu'vous lui avez administré les sacrements !

— Je la connais, je la connais… c'est vite dit ! Je ne l'avais jamais vue avant, moi. Et votre curé, il est toujours enfermé ?

— Hé oui, l'abbé ! Il a même coupé le fil de la cloche, pour qu'on vienne pas l'ennuyer. I' dit que les gamins sont pendus à la cloche, même la nuit, pour lui chercher noise ! Il est vraiment marteau, vous savez.

— Bien. C'est où la veillée ?

— Et ben, comme l'aut'soir ! Chez elle, pardi !

— À quelle heure ?

— Quand vous voulez.

Je le vois hésiter.

— Je viendrai à dix-neuf heures.

— Merci l'abbé, merci beaucoup !

La poignée de mains est solide, comme le bon sens du personnage.

— Je n'ai jamais fait de veillée funèbre, moi, me dit-il une fois Alphonse parti. Ils retardent d'une guerre ! On ne fait plus ça à Bruxelles depuis des lustres.

— Comment ça ? Tu n'as jamais fait ça en quarante ans de prêtrise ?

— Mais, non, jamais ! On m'a toujours appelé quand tout était fini, mise en bière comprise. Et même, je n'ai souvent rencontré la famille qu'à l'enterrement. Quand il y en avait une ! Je t'assure que j'ai plus d'une fois célébré des funérailles avec juste le cercueil. Par contre ici, c'est plutôt rare, on dirait. Tout le village se sent concerné.

Moi, ça m'étonne, mais lui semble vraiment perturbé à l'idée de faire une chose qu'il n'a jamais faite et qu'il trouve désuète.

— Je suppose que cela ne doit pas être très compliqué, dis-je pour le rassurer. Quelques prières, une bénédiction, et l'affaire est faite ! Tu dois bien avoir quelques livres de prière dans ton bureau. Et puis, s'il est vrai que leur curé est spécial, tu ne peux pas les laisser tomber. Tu es tout de même un peu du pays.

Je le vois dubitatif.

— Je vais voir ce que je trouve.

Nous n'en reparlons plus de la journée. À 6h55, je le vois sortir, un livre sous le bras. Il a trouvé.

Une demi-heure plus tard, il revient : détendu, soulagé, on dirait presque heureux.

— Ça s'est bien passé ?

— Incroyable ! Je n'avais jamais vu ça ! Il y avait du monde jusque dehors ! Et Isa, là, dans son cercueil ouvert au milieu du salon ! Je te jure que c'est surprenant ! Il y avait un recueillement étonnant, je n'ai jamais connu une telle ambiance autour d'un mort !

— Mais tu es content de l'avoir fait ?

— Oui, vraiment, oui. Je ne l'aurais jamais cru.

— On l'enterre quand ?

— Ils voudraient que je l'enterre mardi.

— Tu vas le faire ?

— Je peux difficilement faire autrement, mais je leur ai dit que je devais d'abord téléphoner au doyenné pour comprendre ce qui se passe. Ils ont un curé tout de même ! Il paraît que c'est le doyen qui vient leur dire la messe ou un autre curé du doyenné. Ils se relayent à tour de rôle. Apparemment, il y a un réel problème. J'appellerai le doyen lundi.

— Tu le connais ?

— Non, pas du tout, mais si j'ai bien compris, il sera ravi que je le décharge de cet enterrement.

— C'est ici, à l'église de Journal ?

— Oui, puis on l'enterre au petit cimetière.

Il faut dire que notre maison est face à l'église et que le cimetière est à trois cents mètres. Ce n'est pas très dérangeant comme service.

Lundi matin, il appelle le doyen. Il se présente et lui explique la situation. D'emblée, sa proposition est acceptée. Sur sa lancée, Jean propose de le décharger de quelques messes dans le doyenné pendant qu'il est en vacances. S'il l'avait eu en face de lui, je crois bien que le doyen l'aurait embrassé ! Il lui explique alors la situation du curé « retranché » : un dépressif qui s'est mis à dos tout le village à cause de l'étroitesse de ses pensées, de son côté répressif et colérique. Au grand étonnement de Jean, plus personne n'ose l'approcher, et même le vicaire général n'a pas pu entrer. Alors, c'est le silence, on fait semblant que rien ne se passe et on laisse la situation pourrir. Finalement, Jean est assez content à l'idée d'animer ces petites paroisses de village. C'est quelque chose de nouveau, et son esprit ouvert peut apprécier ce genre d'opportunité.

Mardi matin, je le regarde par la fenêtre attendre le corbillard. Je suis aux premières loges ! Je suis émue de le voir, là, en aube, attendre sur les marches de l'église. Je me dis : « *C'est mon homme, il est beau, il est unique !* » J'ai pour lui une énorme bouffée de tendresse. J'aime l'homme et le prêtre. Je me sens fière d'avoir été choisie entre toutes… même si ce n'est pas vraiment lui qui m'a choisie.

C'est vrai qu'il y a énormément de monde à ces funérailles. On dirait que tout le village est présent. Histoire de rendre un dernier hommage sans doute ? Ou d'avoir l'occasion de sortir ? Ou d'être vu ?

Les cloches sonnent la fin de la messe. Derrière le corbillard et en tête du cortège, Jean accompagne Isa à sa dernière demeure, le seau d'eau bénite dans une main, le goupillon dans l'autre. Ce spectacle d'un autre temps a quelque chose de bouleversant, tellement bouleversant qu'il va changer le cours de notre vie.

Ainsi soit-il !

CHAPITRE 16

Le temps des vacances s'écoule doucement. Entre les nuits que nous passons à nous découvrir et les journées où nous veillons à la bonne marche de la maison, il y a peu de place pour les projets d'avenir.

Nous savons qu'il sera dur de reprendre le rythme à la rentrée. Nous avons pris la douce habitude de dormir ensemble et de prendre notre petit déjeuner sur la terrasse avant que la maisonnée ne s'éveille. Le temps est suspendu, nous avons mis notre vie « dans le monde » entre parenthèses. Main dans la main, le visage tendu vers les premiers rayons de soleil, nous écoutons, chaque matin, chanter les oiseaux et respirons à pleins poumons cet air embaumé des parfums de fleurs et de foin. Il sera pourtant bientôt temps de refaire les valises.

C'est un des derniers matins de nos vacances. Je le regarde avec tendresse mettre la table du petit déjeuner. Je lui sers son café. Deux sucres, un peu de lait. Je lui offre la tasse et mon plus beau sourire.

— Merci, dit-il en me rendant mon sourire. Mais tu n'es pas obligée de me servir !

— Le jour où je ne te servirai plus ton café, où je n'y mettrai plus ton sucre et ton lait, tu sauras que je ne t'aime plus…

— Tu es folle ?

— Non, pas du tout ! Ces petits gestes sont les signes d'un grand amour. Le jour où on ne les fait plus, c'est que l'amour est entré dans la routine ou s'est éteint, rabougri, racorni, bref, que tu ne m'intéresses plus !

Il me regarde avec des yeux ahuris.

— Ça pourrait arriver ?

Je ris.

— Bien sûr que cela arrive. Dans beaucoup de couples, cela arrive. Même avec Julien, ça nous est arrivé !

— Tu lui mettais aussi du sucre dans son café ?

— Non, lui, il le prenait noir. Mais pendant des années, je lui préparais ses vêtements tous les matins. Depuis la chemise jusqu'au caleçon, en passant par le petit nœud et les chaussettes assorties. Puis, pendant notre dernière mission à Hong-Kong, comme on travaillait dans les camps et qu'on ne portait que des jeans, j'ai cessé de lui préparer ses vêtements. Il faut dire que je devais habiller les enfants et que je travaillais moi aussi ; je n'avais donc logiquement plus à m'occuper de lui. Tu sais qu'il me l'a reproché au moment de notre séparation ? Il m'a dit que c'est à ce moment-là qu'il a su que j'avais cessé de l'aimer !

— Et c'était vrai ?

— Non, je me suis rendu compte au moment de la séparation que quelque chose s'était brisé irrémédiablement dans mon amour pour lui quand j'étais parvenue à me sortir du cauchemar africain. C'était déjà bien avant Hong-Kong, mais je ne voulais pas le voir. Je tenais bon, par affection, par tendresse pour les enfants, et par habitude… C'est horrible, l'habitude ! Ça tue tout. Quand je mets du sucre dans ton café, ce n'est pas de l'habitude. C'est le signe de mon amour pour toi, de mon respect, ma gratitude. Mais ce n'est pas de l'habitude, ça ne le sera jamais. Je te rends grâce pour tout ce que tu me donnes et me permets de vivre. Tu n'as pas à t'inquiéter, jamais je ne laisserai l'habitude s'installer entre nous !

Je me lève et me serre contre lui. Lui assis et moi debout, on a presque la même taille ! Je peux alors me noyer dans ses yeux, me fondre dans leur océan de mystère et de douceur. Il y a des moments qui suspendent le temps, et celui-là en est un. Il dure le temps de l'éternité, cette éternité que je voudrais passer avec lui.

— Je t'aime, dis-je tout bas, émue.

— Je t'adore, fait-il en écho.

Quel moment de paix, d'harmonie ! Les oiseaux chantent à tue-tête dans les grands hêtres qui bordent la propriété. Le soleil inonde déjà le jardin. Ça sent bon la chaleur de l'été. On respire le bonheur à pleins poumons. Main dans la main, nous contemplons ce cadeau que la vie nous a fait, et notre silence devient prière.

Soudain, pour la première fois, il aborde la question de notre séparation.

— On a vécu des moments magiques !

Je lui souris.

— Oui, tu l'as dit, magiques ! Dommage que cela prenne fin. On a l'impression d'avoir été hors du temps !

— Surtout avec cet enterrement. Tu sais, je n'avais plus ressenti ce sentiment de vivre quelque chose de fort avec une communauté depuis des années. Depuis, en fait, que j'ai quitté mes paroisses de quartier pour être aumônier en prison et en hôpital.

— Mais ta paroisse actuelle ?

— Non, il n'y a pas de vie de communauté. Tu sais bien qu'à Sainte-Catherine, il y a peu de gens du quartier. Personne n'habite et ne vit dans le centre. En tout cas, pas ceux qui fréquentent mon église. Toi aussi, tu viens de l'autre bout de Bruxelles pour assister aux célébrations dominicales. Ça me manque, ce lien que j'ai retrouvé ici avec une communauté où je pourrais partager les événements familiaux, où je connaitrais les familles, les joies, les drames. À Sainte-Catherine, j'ai un peu le sentiment de m'user pour pas grand-chose.

— Alors, viens finir ta carrière ici, à Journal ! Ils n'ont plus de curé, tu es pensionné et libre, dis-je, enthousiaste.

— Tu es folle ? Je ne vais pas venir m'enterrer ici tout seul !

— Qui te parle de venir seul ? Trouve-moi un logement, et je viens vivre avec toi !

— Et les enfants ?

— Pas de problème, je crois qu'ils adoreraient vivre à la campagne. Tu sais, ils ont vécu en Afrique, on est tout de même moins isolé ici.

— Tu es sérieuse ?

— Absolument ! Te voir heureux, apprécié, épanoui, c'est pour moi très gratifiant. Ici, loin de la ville, il me semble qu'on pourrait vivre plus proches l'un de l'autre et que les enfants pourraient retrouver un équilibre familial.

— Et ton ex ?

— Je lui expliquerai. On s'arrangera pour les trajets. De toute façon, il n'est pas pendu à leurs basques !

Je vois qu'il réfléchit. Vite.

— Quelle bonne idée! D'accord. Je vais contacter le doyen et le vicaire général. S'ils me veulent, ce sera avec toi comme assistante, ou pas du tout!

Il me fait un clin d'œil:

— Normal qu'à mon âge j'aie besoin d'aide…

Un an plus tard, presque jour pour jour, nous nous installons en Ardenne. L'annonce de son départ n'a pas fait plaisir à Bruxelles. Le doyen s'en était pris à moi.

— Je ne suis pas content! m'avait-il dit après la dernière réunion avant notre départ.

— De quoi?

— Du départ de Jean. Il me laisse dans de beaux draps! Et je venais d'obtenir pour toi un contrat. Il faut savoir ce que tu veux!

— Bertrand, ça fait un an que je demande qu'on trouve une solution pour me payer, et tu en trouves une quand je t'annonce mon départ. Comment crois-tu que j'assure le quotidien de ma famille? Qui nous a nourris pendant ce temps? Tu ne crois pas que tu viens un peu tard avec ta solution? Désolée, mais c'est trop tard! Tout est prévu, on part!

J'avais été trop longtemps « tolérée », je voulais maintenant être reconnue.

CHAPITRE 17

Les camions sont chargés et attendent en bas de l'immeuble, tout est prêt pour quitter les lieux, mais Roman a disparu !

J'avais dû forcer la porte de sa chambre le matin pour que les déménageurs puissent prendre ses cartons. Il me faisait la gueule ! J'avais l'image, mais plus de son depuis plusieurs jours.

C'était dirigé contre moi, je le sentais bien. Ce n'était pas à cause du déménagement, ni à cause de Jean, enfin, je crois. Je sentais vraiment que toute son agressivité, qui était sans doute l'expression d'un chagrin, ne concernait que moi, mais il ne trouvait pas les mots ou n'osait pas les dire.

Ce matin, je n'avais pas eu le temps d'extrapoler sur ses griefs ni sur mes torts. Il était sorti de sa chambre en tendant son sac à dos à Jean, en lui disant :

— Tu peux prendre ça, l'ampli et ma guitare !

Il était sorti de l'appartement en claquant la porte. Je m'étais rassurée en me disant qu'il allait attendre en bas, sur un banc. Mais au moment où l'appartement est enfin vide et les camions bouclés, il n'a pas reparu. Tout le monde attend. Je l'appelle sur son portable. C'est la messagerie. Je laisse un message.

— Mais où es-tu ? On part, dépêche-toi !

Pas de réponse. Je dis à Jean et aux hommes qui attendent :

— Partez devant, je vous rattrape.

Je suis plus inquiète qu'énervée. Il fréquente une bande de petits cons qui fument des pétards et n'en font pas une à l'école. Ils ont une forte influence sur Roman. Je suis sûre qu'ils sont pour quelque chose dans la révolte de mon fils et son échec à l'école.

J'attends dix minutes, espérant le voir débouler d'un taillis ou d'une porte cochère, content de m'avoir fait poireauter. Je sais qu'il a entendu mon message. À quoi bon attendre s'il ne veut pas venir avec moi ? Je monte dans la voiture. Aurélien, lui, est monté dans un des camions. Je rattrape rapidement le convoi. Dans la file avec les transporteurs et la voiture de Jean, j'essaye encore une fois d'appeler Roman. C'est toujours la messagerie.

— Roman, on est sur la route. Tu as ta place à la maison. Quand tu te décideras à rentrer, appelle-moi. Tu as encore une clé de l'appartement, il faut la rendre. Mets-la dans la boîte aux lettres du nouveau locataire.

Je coupe. Les larmes coulent enfin sur mes joues. J'ai le cœur malade de laisser mon fils derrière moi. Il a seize ans ! Je n'ai plus aucune prise sur lui. Entre nous, plus rien ne passe.

Plus moyen de dialoguer sans qu'il ne claque la porte, sans que je ne crie. Où va-t-il ? Chez qui trouve-t-il refuge quand il passe la nuit dehors ? Comment en sommes-nous arrivés là ? Où ai-je raté la marche ? À la naissance d'Aurélien ? En Afrique ? Dans les ruptures familiales qui ont suivi ? Dans ma séparation avec son père ? Je ne sais pas, je ne comprends pas. J'ai mal dans ma chair de mère.

Puisque je suis seule dans la voiture, je n'ai pas à retenir mes larmes. Je me souviens de ce temps béni où je l'attendais dans mon ventre rond, où je le berçais de mots d'amour, de caresses, de musiques qu'on lui faisait écouter, son père et moi.

Je me souviens aussi de ma séparation avec lui, quand j'avais dû le mettre, à quelques semaines, chez une nourrice, parce que notre vie d'indépendants ne me permettait ni de le nourrir, ni de le garder auprès de moi. Rien que de m'en souvenir, je ressens ma souffrance et la sienne. Combien d'heures, de jours, de mois avons-nous dû vivre ainsi, nous quittant le matin et nous retrouvant le soir, parfois si tard qu'il dormait déjà quand j'allais le chercher. Comme je le regrette… Comme il a dû m'en vouloir ! Et si c'était de cela qu'il m'en voulait, inconsciemment ? Son sentiment d'être abandonné, à ce moment-là et à tous les moments de notre vie où nous avons fait des choix qui impliquaient des ruptures et des séparations, viendrait-il de là ? Comment revenir en arrière ? On ne peut pas revenir en arrière, on ne peut pas refaire l'histoire à l'envers. Mais tout de même, on ne fait pas des enfants pour les voir malheureux. Quelle est donc cette histoire transmise dans mes gènes, qui me déchire à chaque séparation ? Quelle histoire, quel mystère, quel non-dit vrille mon cœur de mère devant un enfant en souffrance ? Je commence sérieusement à me poser la question.

Les cent vingt kilomètres qui me séparent de mon fils sont bientôt franchis. Il faut maintenant décharger les camions. La tâche n'est pas simple. Jean a obtenu, dans sa négociation avec le vicaire général, que j'occupe le presbytère avec mes enfants, puisque lui va habiter dans sa maison.

Le presbytère du village voisin n'est qu'à un kilomètre, et on le lui a accordé puisqu'il va prendre en charge les paroisses des trois villages alentour. Mais voilà, le curé qui l'occupait n'est pas encore parti. Retranché dans le presbytère, il attend que son chalet soit fini pour quitter les lieux. Trop content d'avoir eu Jean pour négocier son départ, l'évêché a consenti à lui prêter l'argent nécessaire pour qu'il s'en aille. Ils sont très courageux à l'évêché… courageux, mais pas téméraires. C'est Jean qui a négocié le départ de son prédécesseur. Heureusement, nous avons gagné sa confiance, et il m'a laissé mettre mes affaires dans le garage ; sinon, j'étais à la rue avec mes meubles ! Je campe chez Jean le temps qu'il puisse terminer ses travaux d'aménagement et déménager. Finalement, cette solution m'arrange !

Fin de journée, les camions sont vidés, le garage du presbytère plein à ras bord, et les meubles installés tant bien que mal au milieu d'un fatras général. Tout est redevenu calme.

J'ai jeté toute la journée un coup d'œil sur mon portable au cas où j'aurais un message de Roman. Rien. Je l'appelle encore une fois. C'est toujours la messagerie.

— C'est maman. Si tu as besoin d'argent pour prendre le train, appelle-moi ou papa. On t'attend.

Que puis-je faire d'autre ? Épuisés par la fatigue et les émotions, nous nous endormons sans difficulté. Comme disait maman : « *Demain est un autre jour* ».

Mais où dort donc mon fils ce soir ?

CHAPITRE 18

Le téléphone sonne tôt le lendemain matin. Je sursaute.

— Micheline ?

— Oui.

— C'est Martine.

Martine est mon ancienne voisine de l'appartement du dessous. Son fils et sa fille sont copains avec Roman.

— Oui Martine, bonjour.

— Je t'appelle parce que j'ai appris par des gens de l'immeuble que ton fils avait dormi cette nuit dans le hall, sous les boîtes aux lettres.

Ouaf ! Je prends un coup dans l'estomac !

— Tu es sûre ?

— Oui, tout à fait. Il ne savait pas où dormir.

— Mon Dieu, pas ça, pas mon fils comme un clochard ! Où est-il maintenant ?

— On ne sait pas. Bertrand est parti le chercher, mais il ne l'a pas trouvé. Je voulais que tu le saches.

— Merci, Martine. C'est super que tu m'aies prévenue. Je crois que je n'ai plus qu'une chose à faire, c'est de prévenir la police.

— Fais comme tu crois. Je te préviens si on le voit.

— Merci, salut.

Je raccroche. Mes jambes tremblent. Jean arrive.

— Qu'est-ce que c'était? Tu es toute blanche.

— C'était Martine, la voisine du troisième. Elle m'a dit que Roman a dormi dans le hall de l'immeuble.

— Il est où?

— On ne sait pas. Il a disparu du circuit.

— Tu veux aller le chercher?

— À quoi ça sert? Je ne sais pas où il est, ni s'il a envie de revenir avec moi. Zut à la fin! C'est lui qui se met dans cette situation. Je vais appeler son père. Il n'est pas loin du quartier, je vais lui demander d'aller voir.

J'appelle Julien et lui explique la situation en quelques mots. Je m'attends à des amabilités du genre « *C'est de ta faute!* » ou « *Je te l'aurais bien dit!* », mais non, il semble compatir à mon inquiétude.

— Où dis-tu qu'il retrouvait ses copains?

— Dans les jardins qui entourent les immeubles ou plus bas, au parc, près des étangs.

— Ok, je prends la voiture et j'y vais.

Une heure s'est à peine écoulée qu'il me rappelle.

— Je l'ai trouvé!

— Et alors?

— Quand il m'a vu arriver vers lui, il m'a dit : « Qu'est-ce que tu fous ici ? Casse-toi, fous-moi la paix ! »

La voix de Julien se brise. Je l'entends pleurer.

— C'est dur d'entendre mon fils me dire une chose pareille. Et sur ce ton !

À chacun son tour de s'en prendre plein la figure !

— Bon, maintenant, j'appelle la police ! dis-je, décidée.

— Non, ne fais pas ça ! Tu sais qu'elle ne va rien faire. Imagine la tête de Roman si tu lui mets les flics au cul !

— Je ne vais pas lui mettre les flics au cul, mais mon fils est mineur et dans la nature, et pour moi, il est en danger. Je ne peux pas rester sans rien faire. S'il ne nous écoute pas, ni toi, ni moi, il écoutera peut-être une autorité.

— Fais comme tu veux, mais je ne suis pas d'accord !

Il me raccroche au nez. Je m'en fous maintenant. Je ne ferai plus tout ce qu'il veut, comme il veut, monsieur je-sais-mieux !

Heureusement, la fille qui a repris mon appartement est policière à la commune. Elle me conseille d'appeler son supérieur au commissariat du quartier. J'ai affaire au commissaire qui sera de garde cette nuit et lui explique la situation.

— Vous voulez porter plainte ?

Mais qu'est-ce qu'ils ont à absolument voir une plainte là où il n'y a qu'un appel au secours ?

— Mais non, je ne veux pas porter plainte ! Je vous signale la disparition de mon fils et vous demande d'être vigilants quand vous ferez vos rondes cette nuit. Je sais qu'il traîne aux étangs. Je vous demande d'être attentifs à un gamin qui ne sait pas où dormir et qui risque de le faire sur un banc ou dans la rue.

— Compris, Madame. Ne vous inquiétez pas, si on le voit, on vous appelle.

Je suis soulagée d'avoir demandé de l'aide. Jean me soutient et me réconforte du mieux qu'il peut.

La journée passe, interminable, l'œil fixé sur mon portable, à l'affût du moindre message qui pourrait me donner des nouvelles de mon fils. Aurélien est couché depuis longtemps quand je me décide à aller me reposer à mon tour. J'embrasse Jean et lui souhaite une bonne nuit.

— Tu vas où ? demande-t-il inquiet.

— Je vais dormir dans la chambre qu'on a préparée pour Roman. Si jamais la police appelle, je garde le téléphone près de moi.

— Préviens-moi s'il y a du nouveau.

— Promis. Dors bien.

— Tu ne veux vraiment pas rester près de moi ? insiste-t-il.

— Pardonne-moi, mais je risque de ne pas dormir et je vais te déranger. Je suis désolée, dis-je confite des soucis que je lui donne, elle commence bien, notre vie ici !

— Ça va s'arranger ! Ne t'inquiète pas. Je t'aime, tu sais.

— Je sais, mon cœur, moi aussi.

Je lui caresse la joue, passe embrasser Aurélien qui dort, insouciant, et me glisse toute habillée dans le lit de Roman. J'ai à portée de main les téléphones fixe et portable. La nuit, tout est plus angoissant. Je pense à mon fils, mon bébé. Où est-il ? Que fait-il ? A-t-il mangé ? Il souffre sûrement. Le sommeil est long à venir.

Minuit, le portable retentit, angoissant à cette heure de la nuit.

— C'est la police. On a trouvé votre fils, Madame. Il est ici au commissariat. Il demande que vous veniez le chercher.

— J'arrive, dis-je complètement réveillée. Il va bien ?

— Ça va. Vous serez là dans combien de temps ?

— Porte à porte, une heure quart.

— Pas d'excès de vitesse ! Il est entre de bonnes mains !

— Merci !

Je ne saurais rien dire d'autre... Voilà que les larmes se remettent à couler, mais cette fois, c'est de soulagement et de joie ! Je réveille Jean :

— Je pars, la police a appelé. Roman demande que j'aille le chercher.

— Tu veux que je vienne avec toi ?

— Non, reste ici pour Aurélien.

— Sois prudente !

— Promis.

Je cours, je vole. Mon cœur bondit d'allégresse ! Peu importe comment il me recevra, je sais au moins où il est. Il m'a demandée... Tout, plutôt que le silence. Il peut me faire la gueule cent vingt ans s'il veut, mais qu'il vive ! J'arrive une heure plus tard.

— Je suis la maman de Roman, dis-je au policier de garde.

— Il est dans une salle d'attente. Je vais vous conduire chez le commissaire.

Il m'introduit dans le bureau. C'est le genre de visite que l'on n'aime pas trop faire, surtout pour venir chercher son enfant. Je préfère en tout cas que ce soit moi qui les aie avertis, plutôt que de me faire convoquer en pleine nuit. Le sentiment de culpabilité est déjà moindre. Gentil, le commissaire me fait asseoir.

— Voilà, Madame, je vous le rends. C'est lui qui a demandé à ce qu'on vous appelle pour que vous veniez le chercher. Je vous souhaite bonne chance !

— C'est tout ?

— Je vais le faire chercher.

Le « *bonne chance* » n'augure rien de bon ! On me le ramène. Pas un mot, pas un regard. Je me lève, j'ai compris que ce n'est pas gagné.

— On y va ! Merci Messieurs !

Roman s'installe dans la voiture, je reprends la route en sens inverse. Durant tout le voyage, il reste silencieux. Arrivés à la maison, je lui indique sa chambre. Toujours sans une parole de sa part. Je lui souhaite une bonne nuit et cours me réfugier cette fois dans les bras de mon consolateur. Je pleure doucement contre son épaule. L'émotion, la fatigue, la peur ont eu raison de mon courage. Je sens que les sanglots arrivent et qu'ils viennent de loin.

— Allons, me dit-il, calme-toi, il est là. Au moins, tu sais qu'il va bien et qu'il ne dort pas dehors.

— Je suis une mauvaise mère, c'est parce que je n'ai pas su le comprendre et l'aimer qu'il se sent aussi mal.

— Arrête de dire des bêtises ! Tu es une mère formidable !

— Mais non, je ne suis pas une mère formidable ! Julien m'a toujours dit que je m'occupais mal des enfants.

— Julien t'a fait endosser ses insuffisances à lui ! Personne n'a rien à te reprocher.

— Pourtant, depuis des années, c'est toujours de ma faute si quelque chose ne va pas avec eux. Il m'a finalement vraiment convaincue que je suis une mauvaise mère. J'ai fini par croire que je n'ai pas la fibre maternelle.

Mes sanglots redoublent au creux de son épaule, mouillant généreusement sa peau et l'oreiller.

Il se redresse sur un coude, complètement éveillé.

— Écoute-moi bien ! J'en ai connu, moi, des femmes qui s'occupaient mal de leurs enfants. J'en ai beaucoup connu de ces mères dont le bien-être passe avant leur gosse. Je peux t'assurer que tu n'as rien à voir avec elles. Je te dis que tu es une mère formidable, et tu peux me croire. Tu te soucies d'eux constamment. Tu cherches toujours à être présente, à les écouter et à leur laisser la parole. Il est temps que tu te sortes de la tête les critiques de Julien. Qu'il regarde un peu derrière lui, ce qu'il a fait avec ses enfants avant de te critiquer.

— Tu es vraiment sincère ?

Je n'arrive pas encore à sortir de l'image négative que Julien m'a renvoyée. Je doute profondément de moi et de mes aptitudes à éduquer mes enfants. Il faut le reste de la nuit, toute la tendresse et tout l'amour dont Jean dispose pour qu'enfin, je m'endorme, rassurée, en paix avec moi-même.

La retraite silencieuse de Roman dure trois jours. Grâce à Jean, à sa diplomatie, à sa patience et à sa douceur, il finit par sortir lentement de son mutisme, et nous pouvons, ensemble, tout doucement, reconstruire notre relation mère-fils.

CHAPITRE 19

Qui n'a jamais côtoyé de près les Ardennais ne peut pas savoir à quel point leur cœur, leur tête et leur porte sont hermétiques aux « étrangers », c'est-à-dire à ceux qui viennent de la ville, comme moi. J'aurais dû, ce jour-là, faire confiance à mon instinct et rester à distance. J'allais payer cash leur méfiance à mon égard !

Ce dimanche de juillet, l'église est pleine de croyants et de curieux… On intronise Jean dans ses nouvelles paroisses. Doyen et maïeur en tête, on le congratule, l'encense, le remercie… Bref, les huiles trois fois saintes coulent à flots sur son crâne béni entre tous, lui qui vient sauver la situation !

Moi, on m'a refilé à la dernière minute, histoire de ne pas me mettre de côté complètement, la sébile pour faire la quête. Et pas n'importe quelle sébile ! Le tout vieux modèle de nos ancêtres… La plus horrible, celle qui, couverte de poussière et d'eau bénite, n'existe plus en ville depuis belle lurette, mais se trouve dans les musées d'art religieux. Le long manche au bout de mon petit bras, il me faut, honteusement, courir de rang en rang pour mendier quelques sous à tous ces visages curieux qui me dévisagent sans gêne. Bien sûr, tout le village est au courant de notre arrivée commune, et tout le monde sait que je suis l'assistante de Jean, mais on ne m'avait pas encore vue ni à l'œuvre ni en public!

À la fin de la célébration, je remets la collecte à la vieille qui m'a refilé la tâche ingrate, en me jurant qu'on ne m'y prendrait plus. Son sourire narquois, quand je la lui remets, et sa remarque « *C'est pas gai à faire, hein! Chacun son tour!* » me font prendre conscience qu'il faudra rapidement m'imposer comme assistante officielle, ou je serai toujours reléguée à la place de bouche-trou.

La réception qui suit est du même style: mousseux, cadeaux de circonstance, journaliste local, photos, discours du maïeur et des échevins; tout ce qui fait la une et alimente les commérages est fourni dans le package de bienvenue.

Sauf que moi, personne ne me regarde… En fait, on fait semblant de ne pas me voir. Comme une idiote, j'attends les bras ballants, à l'écart, un petit signe de bienvenue. Mais voilà, les bonnes manières ne sont pas au programme de la journée, ni de celles qui suivront… Moi qui pensais, naïve, que les choses se dérouleraient plus facilement ici! Ma première impression n'augure rien de bon. Je comprends que Jean leur a forcé la main quant à ma présence et qu'il n'y a que lui qui les intéresse.

Je choisis de me taire, de faire bonne figure et le gros dos en attendant que ça passe.

N'étant pas faite pour les ragots, les commérages, les médisances, je me tiens très vite à l'écart de cette sphère où la politique est au centre de toutes les décisions et où s'entremêlent, de façon peu catholique, les intérêts communaux, amicaux et familiaux.

Nous nous ignorons les uns les autres… « Père » et « Maire » auraient pu faire bon ménage. Il n'en fut rien.

Ni Jean, ni moi n'avons jamais prêté le flanc aux commérages et nous sommes vigilants à ne choquer personne. La porte du presbytère est toujours ouverte et, étant sur le chemin de l'école, nous faisons souvent la causette sur le pas de la porte avec les moins méfiants et les plus reconnaissants envers notre travail pastoral. La présence d'Aurélien à l'école me facilite les contacts avec les mamans et grands-mamans qui conduisent leurs petits en classe. Plus d'une de ces femmes vient s'asseoir dans ma cuisine, devant une tasse de café, et me raconte, me confesse plus exactement, soucis, ennuis, déboires, qu'elle n'oserait pas raconter à « l'Abbé ». Elles ont vite compris que je peux jouer les intermédiaires entre elles et lui, quand elles veulent qu'il sache quelque chose sans avoir le cran de le dire elles-mêmes.

Je prends cette tâche à cœur. J'aime ce contact, ces échanges, mais je sais que je ne vois que la couche supérieure... Comme leur porte, le fond de leur cœur reste fermé. Secrets de famille, secrets de villages, haines, rancunes, jalousies, tout cela est sous-jacent dans les confidences qu'on veut bien me faire.

Je me demande parfois comment il leur est possible d'aller « à messe » comme ils disent, de se trouver en face d'un membre proche de leur famille, de le vomir, de le honnir, de lui souhaiter le pire, tout en le saluant ! J'ai découvert dans ces villages combien les Ardennais sont durs, fermés aux autres, au monde, au changement, et combien il est difficile de les faire changer d'avis et de faire évoluer leur mentalité.

Pourtant, ce n'est pas faute d'avoir essayé ! Jean, à grands coups de balai, instaure des changements importants, sans ménagement. C'est la seule façon d'avancer. Il obtient quelques petits résultats, qu'il espère irréversibles. Il a par exemple fait installer dans la petite église une table de sept mètres de long, en sapin du pays. Cela oblige donc les paroissiens à s'asseoir, non plus les uns derrière les autres comme dans un autobus, mais face à face, invités autour de la table du partage. Aïe! Ça ne fait pas plaisir d'être face à la cousine Germaine qui vous a piqué un champ! On n'ose pas regarder Gustave dont on a empoisonné le chat parce qu'il grattait dans les plates-bandes! Comment serrer la main à la voisine qui gare toujours sa voiture trop près de la clôture et comment éviter le baiser de paix de la mère du gamin qui a foutu une claque à votre rejeton? Je me vois repoussée, un dimanche, au moment du baiser de paix.

— Ah non! Pas ça, je déteste qu'on m'embrasse!

C'est son droit, bien sûr, mais cela me choque profondément. Le ton et le geste ont quelque chose de violent. Le rejet est cinglant.

Jean va même plus loin pour s'assurer qu'ils ne reviendront pas en arrière le jour où il ne sera plus là. Un soir, avec une scie électrique achetée pour l'occasion, il scie toutes les tablettes des chaises.

— Comme ça, je suis sûr qu'ils ne retourneront plus sur leurs chaises pour dire la messe comme dans le temps quand je n'y serai plus!

Mon pauvre cœur! Il croit avoir dépoussiéré le grenier de leur spiritualité, mais qu'elles sont tenaces, les toiles d'araignées de leur intellect! Il n'a pas quitté son poste de quinze jours que la plus malveillante et la plus bête de toutes dépend le lustre magnifique qu'il a acheté de son argent, décroche les icônes qu'il a offertes à la communauté et s'empresse de changer la serrure de la sacristie! Ces vacheries touchent Jean de plein fouet. Son sang ne fait qu'un tour; sur un coup de colère, il prend sa scie et découpe «sa» table en morceaux. Alors, tout étonnées, des voix s'écrient:

— Mais on ne comprend pas ! Pourquoi a-t-il fait ça ?

Personne ne s'excuse pour les affronts qu'il vient de subir. Personne ne remet à sa place l'idiote qui assouvit une vengeance primaire et personnelle. On a laissé faire. Les toiles d'araignées envahissent les esprits, plus solidement encore que par le passé.

Mais la scie est amortie... Aujourd'hui, les morceaux de la table ont servi à faire un mastaba dans le jardin, en l'honneur des esprits de la forêt ardennaise...

CHAPITRE 20

Pendant cinq ans, nous vivons au rythme des saisons, partageant notre temps entre le travail pastoral, la vie de famille et les amis. Nous marchons, côte à côte. Si nous pouvons nous tenir par la main, tout en marchant chacun sur notre chemin, nous n'en vivons pas moins séparément. Pour se rapprocher de moi et diminuer les deux kilomètres qui nous séparent, Jean finit par acheter une maison à cinquante mètres du presbytère. Histoire de nous sentir encore plus près l'un de l'autre et de m'éviter des sorties nocturnes et clandestines qui prêtent, au mieux à sourire, au pire à la médisance.

Le temps a érodé notre prudence ; sans nous afficher comme un couple, nous ne nous cachons plus. Autour de nous, les commérages vont bon train. Nous n'en avons cure… Les jaloux, les méchantes langues me qualifient de quelques jolis noms d'oiseaux, mais j'assume. Le venin de certaines flèches fait parfois très mal. C'est de la méchanceté gratuite, de la pure bêtise. Chacun sait, mais face à nous, tout le monde se tait ! Les coups se préparent en douce, y compris le coup final.

Roman a repris sa place dans la cellule familiale et, si ce n'est sa rancœur farouche vis-à-vis de son père et sa jalousie envers son frère, la vie serait un long fleuve tranquille. Elle ne l'est pas longtemps… En tombant amoureux de Nathalie, mon fils aîné amène dans la famille non pas une femme, mais trois, car elle a deux filles de son premier mariage. En moins de temps qu'il ne faut pour le dire, voilà mon fiston, tout juste remis de sa mauvaise passe, qui quitte le toit familial pour assumer à dix-huit ans la charge d'une famille. Pour lui, c'est la chance de sa vie, et il la saisit. Fin de ses études, boulot, déménagement, tout se met en place pour lui, et moi, sans avoir le temps de dire « ouf », je me retrouve avec un oisillon de moins au nid et trois filles de plus dans mon cœur.

Voilà de quoi faire aller bon train les langues bien pendues des « messagères », colporteuses des bonnes et mauvaises nouvelles de nos clochers ! Je suis sûre que des paris sont faits sur le nombre de jours ou de semaines que durera la liaison de mon fils avec Nathalie. Je laisse dire. Je suis heureuse au fond de moi qu'il ait choisi une fille du pays. J'espère que cela nous rendra moins étrangers. Mais Nathalie fait partie des rebelles du village, et sa mise en ménage avec le « fils du curé » n'a fait qu'aggraver sa situation, d'autant plus que mon fils a dix-sept ans de moins qu'elle ! Quel beau sujet de commérage…

Cela dure peu, car le couple déménage rapidement pour se faire un petit nid loin des regards inquisiteurs. Le temps pour eux de s'aimer, de se guérir et de faire un bébé. À la naissance de Luna, un an plus tard, les commères se remettent en route ! Les paris sont rouverts… Tiendront, tiendront pas ? Se quitteront, ne se quitteront pas ? Tout ça finit par glisser sur les ailes de mon indifférence. Je découvre les joies insoupçonnées de la grand-maternité, et ma vie en est transformée.

Tout a été si vite ! Un fils me quitte et, en quelques mois, quatre filles me sont données. Je me souviens de ce jour de septembre, lumineux entre tous, quand Roman m'a appelée :

— M'an, prépare tes huiles, on passe te prendre, Nathalie accouche !

— Pourquoi me prendre ? Pourquoi mes huiles ? dis-je ahurie.

— Mais pour la masser, tiens ! On arrive !

J'ai suivi, en arrivant ici, une formation sur la réflexologie plantaire, pour mon plaisir. Je ne savais pas à quel point cela allait changer ma vie ! Je n'avais aucune conscience des expériences que j'allais vivre, du tour qu'allait prendre ma spiritualité.

J'attends donc les enfants, mes huiles dans un petit sac, ne comprenant toujours pas pourquoi ils font un tel détour pour venir me chercher au lieu d'aller tout droit à la maternité. Bien sûr, j'ai mis en pratique mes leçons de massage plantaire sur Nathalie et l'ai aidée à préparer son corps à la naissance, mais ne vois pas ce que je vais pouvoir faire à la clinique.

Ils arrivent, et Roman jaillit de la voiture.

— Grouille, me dit-il, prends le volant.

— Mais pourquoi ?

— Parce que je n'ai pas le permis et que ce serait con de se faire prendre aujourd'hui !

Bien vu !

Dès qu'elle est allongée sur le lit de la clinique, Nathalie sent les contractions commencer. Je m'assieds au pied du lit et la masse. Parmi les milliers de points-réflexes présents dans les pieds, il y a ceux qui aident à la dilatation et facilitent l'accouchement. La chambre sent la lavande, la cannelle, la girofle, tout ce qui aide à l'ouverture du col et à déstresser ma belle-fille.

L'ambiance est assez tendue, elle souffre. Je lui masse le dos, debout, pendant les contractions. Elle est à moitié nue, complètement échevelée, et gémit. C'est le moment que choisit l'aumônier de la clinique pour entrer dans la chambre, sans frapper. Comme un diable en soutane, il surgit en criant «*Je peux entrer? Je dérange?*» Mon fils se retient, surpris et furieux:

— Vous voyez bien que ce n'est pas le moment!

— Faites excuse... Je reviendrai plus tard.

Une fois qu'il est sorti, on attrape un fou rire. Vieil imbécile! On n'a pas idée de faire une peur pareille à une femme qui va accoucher, à moins de vouloir précipiter les choses! Et puis, s'il savait que le «grand-père» est prêtre, il saurait qu'on n'a vraiment pas besoin de lui.

— Il a quand même vu mes fesses! dit Nath avec humour. Je suis sûre qu'il l'a fait exprès!

Elle se recouche sur le lit, le fou rire a calmé ses douleurs. Je pose mes mains sur son ventre. L'enfant ne veut pas descendre. C'est alors que je ressens, pour la seconde fois de ma vie, cette chaleur, ces picotements, signes que j'entre en contact avec une énergie qui vient d'ailleurs, qui n'est que lumière. C'est fort, terriblement fort. Ça me dépasse, j'ai le sentiment que je vais sortir de mon corps. Je sens le bébé qui bouge, timidement d'abord, répondant à ma pression, puis de plus en plus fort. Il bouge sous mes mains qui, décollant du ventre, doucement l'emmènent vers la sortie. Mes mains brûlent. Nathalie crie:

— Arrête, arrête, c'est trop fort!

Je rouvre les yeux. Il me faut un moment pour revenir sur terre. L'expérience est bouleversante, mais je n'ai pas le temps de m'y attarder, il est temps d'emmener Nathalie, Luna est dans le passage...

Je sors de la clinique dans un état second et, en levant les yeux, découvre, émerveillée, les traces d'un huit allongé dans le ciel.

C'est le signe de l'infini… Un signe divin à l'heure où vient au monde ma première descendante féminine! Je ne peux qu'interpréter ainsi ce signe venu du Ciel et rendre grâce pour le cadeau que je viens de recevoir.

Le lendemain, dans les journaux locaux, une photo du huit à l'envers tracé dans le ciel confirme ma vision… Même si ce n'est pas exactement, pour les journalistes, un signe de Dieu, mais un avion qui s'exerçait dans les nuages, cela n'a rien enlevé à la magie de ce signe, ni à mon émerveillement.

L'expérience que je viens de vivre est unique, comme l'avait été, quelques semaines plus tôt, l'accompagnement et le départ du grand-père de Nathalie. Avec ce nouveau pouvoir conféré à mes mains, j'avais fait passer la vie, mais dans l'autre sens… Quelques nuits plus tard, dans un rêve, je perçus avec une réalité incroyable Pépé venant me remercier et voulant, à son tour, me caresser avant de s'en aller définitivement. Il m'avait touché l'épaule, très doucement, précautionneusement, puis une voix l'avait appelé et il s'en était allé. Il est de ces moments où l'irréel et le réel se confondent à tel point qu'il n'y a pas de doute sur le caractère extraordinaire de ce que l'on vient de vivre.

Cette fois, avec la naissance de Luna, c'est une part de ma chair que je viens de mettre au monde du bout des doigts, et ce lien est si fort qu'il me semble que rien, jamais, ne pourra le défaire. Petite boule gracieuse, lunaire, rayonnante, comme un ange, elle a atterri dans ma vie pour la transformer à son tour. Plus aucun jour ne sera pareil à hier, Luna est sur terre, porteuse de toutes les grâces.

Jean n'ose pas prendre la place du grand-père. Même si tenir ma petite-fille dans ses bras l'émeut profondément, il n'ose pas dire « ma » petite-fille, parce que le vrai grand-père, le « génétique », est présent. En effet, nous avons signé un traité de paix, quelques mois plus tôt.

Depuis notre déménagement, je lui amenais Aurélien, un week-end de temps en temps, à la sortie 17 sur le pont de l'autoroute E411. Nous faisions ainsi chacun un bout de chemin. On ne se parlait presque plus, mais je souffrais de le voir repartir seul. Je me sentais responsable de la séparation de mes fils avec lui. Je lui ai proposé de lui trouver un petit pied-à-terre pour passer les week-ends dans la région et pouvoir ainsi profiter plus pleinement de ses enfants. Cette proposition a rouvert le dialogue et, avec son assentiment, je me suis mise à la recherche d'un appartement. Les enfants étaient ravis. Cela a permis à Roman de réamorcer des contacts avec son père. Finalement, l'endroit lui plaisant, il a fini par tout quitter pour venir s'y installer à temps plein.

Une fois Julien installé au village et reprenant son rôle de père, les villageois ont pu associer mes enfants à lui. C'est à ce moment-là que j'ai entendu cette réflexion surprenante: «*Bruno n'est donc pas né avec une barbe...*», ce qui voulait dire qu'il n'était pas de Jean! Ainsi, ils croyaient tous que Jean était le père de mes enfants!

Julien retrouve une relation équilibrée avec ses fils et, entre Jean et lui, l'entente est redevenue cordiale. Nous suivons avec un peu de mal, il faut bien l'avouer, sa recherche de l'âme sœur et ses conquêtes multiples et variées à travers le monde via internet. Néanmoins, souvent le dimanche nous retrouve tous assis autour de la table du presbytère, pour le plus grand plaisir de nos enfants.

Nous décidons enfin, Julien et moi, de divorcer. Cela se passe à l'amiable, sans heurts et presque sans souffrance. Je n'ai plus aucune raison de continuer à porter son nom. Je le lui rends donc, apposant ma signature au bas d'un document, comme je l'avais fait vingt-trois ans auparavant pour me l'approprier.

Comment expliquer ce petit pincement au cœur quand vient le moment de me délier de lui ? On ne l'explique pas, on le ressent… et puis on se raisonne.

Luna grandit donc dans une famille recomposée et pour le moins hors normes. Elle a quatre ou cinq mois quand ses parents me la confient une nuit pour la première fois. Je l'ai bien gardée quelques heures par-ci par-là, avec beaucoup de larmes pour elle et de stress pour moi. Quittant la chaleur et l'odeur du sein maternel, elle ne supportait pas les séparations. Je n'arrivais pas à la consoler. J'avais trouvé une petite rengaine que je lui chantais en la berçant, celle-là même que Jean me chantait en me cajolant.

Ma petite est comme l'eau
Elle est comme l'eau vive.
Elle court dans le ruisseau
Que le courant dérive.
Courez, courez, vite, si vous le pouvez,
Jamais, jamais, vous ne la rattraperez…

Mais ce soir-là, rien ne peut la calmer : ni mes chansons, ni mes bercements, ni son tonton qui se découvre une tendresse toute nouvelle pour elle. Plus elle pleure, plus je sens monter l'angoisse. Pourquoi, mais pourquoi ne puis-je pas la calmer ? Il faut dire qu'elle prend encore le sein et que moi, je n'ai rien à lui offrir, qu'un biberon dont elle refuse la tétine. Je crois que plus elle sent ma nervosité, plus elle a peur. Tous mes fantômes refont surface et, avec eux, tous mes doutes sur mes compétences à élever un enfant. Je finis par appeler les parents pour qu'ils viennent la rechercher.

En la leur remettant, je leur dis que je ne la garderai plus tant qu'elle ne sera pas sevrée du lait de sa mère, ni tant qu'elle ne sera pas habituée à moi. Je suis dans tous mes états. Personne ne comprend pourquoi je me sens si mal. Et moi, je me souviens de la première fois où j'ai ressenti cette détresse, cette angoisse. J'avais dix-huit ans et passais le week-end chez ma sœur pour l'aider avec ses filles, dont ma filleule qui devait avoir deux ans. Son mari était un fou furieux. Je ne sais plus pour quelle raison, ce soir-là, fâché sur la petite, il l'avait envoyée se coucher sans sa poupée. Il m'avait interdit d'aller près d'elle, et je l'entendais sangloter derrière la porte sans pouvoir intervenir. Je m'en souviens comme si c'était hier, ainsi que de mon désespoir de ne pouvoir rien faire pour la consoler.

Devant mon incapacité à consoler un enfant qui se sent abandonné, je perds tous mes moyens. Quelque chose se passe alors en moi, que je ne contrôle plus, une peur panique qui vient de tellement loin que je ne sais pas d'où ni de qui cela vient. Je sens que cela fait partie d'une histoire transmise et, si je ne sais pas laquelle, je sens tout de même que quelque chose commence à s'animer dans mes gènes. Je sens également qu'avec la naissance de Luna, un lent processus s'est mis en route.

CHAPITRE 21

Cette année est aussi celle où nous recevons la visite de Monseigneur L… Je l'avais déjà rencontré une fois, quelques mois après notre arrivée, lors d'une cérémonie officielle dans le doyenné. Personne n'avait eu le temps de nous présenter, mais il savait parfaitement qui nous étions. C'était d'un pas mesuré et nonchalant, le dos voûté et le regard perçant à travers ses lunettes qu'il s'était approché de moi, mielleux, en me fixant de ses yeux inquisiteurs, et m'avait demandé mon nom.

— Micheline.

— Quel beau prénom ! Micheline, savez-vous ce que veut dire Michel ou Michaël en grec ?

— Heu, non, ai-je dit, surprise par son intérêt pour moi et mal à l'aise sous son regard brûlant.

— Ça veut dire « qui est l'égal de Dieu » !

Joignant le geste à la parole, il avait levé la main avec emphase.

— Très beau, avais-je bêtement répondu, ne sachant pas quoi dire.

Il m'avait regardée avec un sourire au coin des lèvres, me scrutant comme pour tester ma réaction, et s'était enquis :

— Alors, Micheline, on se fait à la mentalité ardennaise, à ses cancans et ses ragots ? Ce n'est pas trop dur ?

J'avais retrouvé mon aplomb. Je lui rendis son sourire et lui susurrai, tout sucre et tout miel :

— Vous savez, j'ai survécu à un coup d'état au Burundi, à un génocide au Rwanda, à la mafia chinoise dans des camps de réfugiés à Hong-Kong, je survivrai bien aux commérages des Ardennais !

L'entretien était déjà fini, il me lança, avant de s'incliner et de s'en aller :

— Bonne chance !

J'étais restée interloquée par sa réflexion sur les commérages du coin. Savait-il quelle relation j'entretenais avec Jean ? Et s'il le savait, pourquoi le tolérait-il, lui, l'intransigeant, le rétrograde, l'œil du Vatican ? J'espérais franchement ne jamais le revoir tant il m'avait mise mal à l'aise. C'était sans compter sur les clins d'œil des anges gardiens, Michaël tout particulièrement !

Lorsqu'il nous annonce sa venue deux ans plus tard, je me dis donc qu'il sait où il va mettre les pieds. Je n'ai aucun doute sur sa mémoire...

Nous décidons, Jean et toute l'équipe paroissiale, de ne rien changer à nos habitudes pour cette visite : je m'occuperai, ce jour-là comme les autres, de toutes les petites tâches qui m'incombent au niveau de la célébration et de son organisation. Comme un chef d'orchestre, je veille à tout.

Au début de l'office, Jean lui souhaite la bienvenue et lui rappelle que, puisqu'il est notre pasteur, il n'a pas besoin d'invitation pour rejoindre notre communauté, en ajoutant avec une pointe d'ironie que je dois être la seule à percevoir :

— Je pensais vous offrir une bêche et une fourche pour vous inviter à labourer ce champ avec moi, mais vous avez déjà les mains encombrées d'une crosse !

Je ris intérieurement et me demande s'il a compris la pique.

Quel n'est donc pas mon étonnement quand, au moment du baiser de paix, Monseigneur descend les marches de l'autel, se précipite vers moi et me demande dans le creux de l'oreille, tout en m'embrassant :

— Vous êtes qui, vous ?

Je glisse, tout aussi discrètement :

— Micheline !

— Ah ! C'est vous !

Je retourne abasourdie à ma place. Qu'est-ce qu'il a voulu dire ? Je le saurai beaucoup plus tard, car Jean n'ose pas me dire tout de suite que l'évêque l'a apostrophé dans la sacristie et lui a demandé de rester discret sur notre relation « maritale », en veillant à garder des domiciles séparés. Je n'ai donc pas encore cette information au moment du repas qui suit la messe.

Nous avons rassemblé autour de lui des délégations de tous les mouvements actifs au sein de la vie paroissiale : l'équipe paroissiale, la chorale, les fabriciens et les catéchisés ; une bonne trentaine de personnes, toutes un peu intimidées d'être à la même table que leur évêque. Il nous a prévenus qu'il ne pourrait pas rester très longtemps, car il doit aller à Beauraing pour un pèlerinage. En tout cas, il recharge ses batteries avant d'y aller… À croire qu'il n'a pas mangé depuis huit jours et doit gagner Beauraing à pied !

Assise à côté de lui à table, même si la quantité de nourriture qu'il avale est impressionnante et laisse peu de place à la parole, je l'interpelle sur le fait qu'on attend un nouveau doyen pour la rentrée, mais que l'équipe des prêtres du secteur, dont je fais partie en tant qu'assistante, est tenue à l'écart des discussions sur le choix du remplaçant.

— Vous ne pensez pas qu'il aurait été plus motivant pour vos prêtres d'être concertés sur le profil du doyen dont nous avons besoin ?

— Mais que croyez-vous, me dit-il, je n'ai qu'un lapin dans mon chapeau !

— Il serait charmé de savoir que vous le traitez de lapin ! dis-je, choquée par le terme employé.

Je sens qu'il n'y a rien à en tirer. Il n'a aucun sens de l'écoute. On voit qu'il est mal à l'aise dans ce milieu rural et n'a qu'une envie : fuir cette bande de fous ! Il ne fait aucun commentaire après avoir jeté un coup d'œil dans l'église et vu la grande table, mais son air pincé en dit long sur ce qu'il en pense. Cela vaudra un commentaire acerbe de sa part dans la revue diocésaine du mois suivant : « *Où donc est passée la table du sacrifice ?* »

Au moment de partir, il me tend sa longue main molle et dit d'un air pincé :

— Je vois en tout cas que vous formez une grande équipe et que, même éloignés de tout, il se passe ici beaucoup de choses.

— Nous sommes comme les irréductibles gaulois ! dis-je, un rien provocante.

— Que voulez-vous dire ?

— Mais vous savez, Monseigneur, Astérix et Obélix, soudés avec tout le village contre l'autorité romaine !

Je crois qu'il n'a pas aimé pas l'allusion.

CHAPITRE 22

Je suis affairée dans la maison de Journal. Demain, Jean aura soixante-dix ans. J'ai invité une quarantaine de personnes qui, toutes, à un moment ou à un autre de son parcours professionnel et personnel, lui ont marqué tendresse et affection. Toute ma famille a souhaité participer à l'événement. Par contre, à part un cousin et une petite-cousine éloignée, de son côté à lui, c'est le grand vide. Ils ne mangent pas de ce pain-là… Imaginez, celle par qui le scandale va arriver… Même s'ils sont loin d'imaginer ce qui va suivre (moi aussi d'ailleurs), ils sentent bien que Jean tient réellement à moi. Alors, pour pallier à cette rupture familiale, je mets tout mon amour dans la préparation de cette fête. J'ai briqué la maison, cuisiné depuis des jours, décoré la table, et tout cela sans qu'il sache qui est invité, bien qu'il ait quelques soupçons.

Julien, qui vient d'aller chercher sa toute jeune et jolie épouse au Cameroun, veut mettre en pratique ses talents de pâtissier. C'est donc lui qui confectionne le gâteau. Je crois que je me serais bien passé de leur présence, mais comment faire puisqu'il habite une aile de la maison ? Pas question de passer pour jalouse en refusant de les inviter… même si, au fond de moi, je sais que ce moment sera difficile. Demain, elle sera la nouvelle Madame M…, qu'il présentera à ma famille et à nos amis.

Nathalie sera là également, mais Roman refuse à nouveau de voir son père depuis qu'il s'est marié avec une jeune africaine quarante ans plus jeune que lui, « la black » comme il l'appelle. Il faut dire que Julien cumule les gaffes ! Sachant combien nos enfants ont souffert et ont eu peur en Afrique, il ne tient aucun compte du rejet total que Roman fait de tout ce qui s'y rapporte. De plus, sans aucune délicatesse, il lui a annoncé un soir, tout à trac, qu'il allait se remarier, qu'elle a 20 ans et qu'il lui fera un enfant. Il a ajouté, voulant sans doute se justifier : « *Sa demande d'enfant est légitime… à son âge* » ! Je n'étais pas là, mais Nathalie a vu Roman changer de couleur et quitter la pièce.

Pour en rajouter, Julien avait débarqué d'Afrique un 18 mars ; je n'oublierai jamais cette date, car c'est le jour de l'anniversaire d'Aurélien, ce qu'il avait complètement oublié. Souhaitant leur faire bon accueil, j'avais fait de mon cœur une pierre et mis des fleurs dans son living, des croissants et du café sur la table, pendant que Nathalie allait les chercher à l'aéroport avec Aurélien.

Les choses désagréables auraient pu s'arrêter là pour ce jour, mais dans l'après-midi, ma petite Luna s'était coincé le doigt dans une porte si violemment qu'il était sectionné et qu'il avait fallu l'emmener de toute urgence à l'hôpital. Nathalie m'avait appelé au secours pour que j'aille chercher Roman qui travaillait au restaurant et n'avait pas de voiture. Je l'avais embarqué, et nous avions filé à toute vitesse vers l'hôpital, échappant de justesse à la visite impromptue et inopportune de Julien et de sa femme sur son lieu de travail. La providence était donc malgré tout de son côté, il avait évité un face à face qui aurait pu mal se passer.

Mais Julien, apprenant par le patron de Roman que la petite venait d'avoir un accident et que nous étions à l'hôpital de Bastogne, m'avait aussitôt appelée sur mon portable pour savoir comment ça se passait et s'il pouvait venir. Il m'a ensuite appelée trois fois pour savoir s'il ne pouvait pas se rendre utile. Son insistance et son manque de tact après le choc que je venais d'avoir arrivaient presque à bout de mes bonnes résolutions et de ma patience. Je me voyais mal, aux urgences, faire des civilités à sa nouvelle femme alors que, derrière un rideau, on essayait de maintenir le bout du doigt de Luna en place en attendant un chirurgien orthopédiste capable de recoudre une si petite crevette ! L'urgentiste de garde, un africain (hé oui !), ne se sentait pas à la hauteur pour cette microchirurgie. Pas la peine de décrire la tête de Roman quand il avait vu la couleur du toubib qui faisait une piqûre à sa fille !

Bref, l'arrivée de la chère et tendre de mon ex faisait déjà des remous au sein calme et paisible de notre petite famille avant même qu'on ne l'aie vue... Je repense à tout cela alors que je prépare la fête de Jean. Je sursaute quand mon portable se met à sonner. Une voix d'homme demande :

— Je suis bien chez Micheline Maca ?

— Oui, c'est moi.

— Ici, c'est Manu Bonmariage !

Silence interloqué de ma part. Il répète.

— Manu Bonmariage, le cinéaste, vous connaissez ?

— Oui, dis-je, qui ne connaît pas Manu Bonmariage ? C'est une blague ?

— Non, non, c'est bien moi, je vous assure !

— C'est un poisson d'avril... très drôle. J'ai failli marcher !

— Mais je vous assure que c'est bien moi ! J'ai eu votre numéro de téléphone par l'association des prêtres mariés dont vous êtes membre, je crois.

Là, il n'y a plus de doute. Nous faisons bien partie de cette association, pour laquelle je suis responsable de l'écoute des compagnes de prêtres.

— Je voudrais tourner un film sur les compagnes de prêtres. On m'a dit que vous seriez la seule susceptible d'accepter de parler sur ce sujet.

Quand on connaît les émissions pour lesquelles il a tourné, on se méfie d'être prise en ligne de mire par sa caméra.

— Merci bien, je n'ai aucune envie d'être un sujet pour l'émission Striptease !

— Non, non, cela n'a rien à voir. Je ne travaille plus pour cette émission. C'est un vrai sujet que je veux traiter en profondeur. J'ai envie de rendre justice à ces femmes de l'ombre qui, je le sais, sont souvent maltraitées humainement, socialement et émotionnellement.

Là, il touche une corde sensible ! Non pas que je me sente maltraitée, sinon par la famille de Jean, mais je sais, pour avoir entendu ces compagnes de l'ombre me raconter leur détresse, qu'elle est profonde et qu'elles sont plus nombreuses qu'on ne l'imagine à la partager. Il serait temps qu'on en parle autrement qu'à visage caché. J'ai toujours dit que si j'avais un jour l'occasion de parler de cette situation à la télévision, je ne le ferais qu'à visage découvert. À quoi bon rester cachée si on veut faire avancer les choses ? L'occasion qui se présente tombe du ciel !

— Je n'ai aucun problème à en parler, au contraire, mais je ne suis pas seule. Je ne peux rien faire sans l'accord de Jean, et je ne crois pas qu'il le donnera. Il n'est pas prêt. Son sacerdoce, c'est toute sa vie, et je crois qu'il est trop tôt pour lui de prendre le risque d'être suspendu.

— Mais est-ce que je peux lui parler ? Est-ce que je peux venir, demain par exemple, et vous rencontrer tous les deux ?

— Ah non, pas demain ! On fête son anniversaire et j'attends beaucoup de monde !

— Mais c'est bon, ça ! Je peux venir ?

J'entends, au son de sa voix, que l'intérêt et l'excitation montent.

— Mais non, dis-je affolée. Pas question ! Il y aura toute ma famille, des amis et le nouveau doyen ! Vous imaginez sa tête ? « Je vous présente Manu Bonmariage, il tourne un film sur les compagnes de prêtres ». Tout le monde vous connaît, Monsieur Bonmariage, on vous questionnera sur votre présence et le sujet du film que vous tournez chez nous.

— Ce sont des moments qui ne reviennent pas deux fois, supplie-t-il, il faut filmer ça ! On dira que je fais un film sur la place des femmes dans l'église de l'après Jean-Paul II.

— Mais je ne peux pas vous laisser venir sans l'accord de Jean !

— Eh bien, passez-le moi !

Je sens que je ne vais pas pouvoir m'en débarrasser. Jean va être furieux, mais j'ai tout de même envie de tenter le coup. Si c'est non, tant pis, mais comme je ne crois pas que les choses arrivent par hasard, je dis :

— Écoutez, je ne peux absolument pas vous donner mon feu vert sans en avoir parlé à Jean, et il n'est pas avec moi. Alors, laissez-moi une heure, et je vous retéléphone.

— Ok, me dit-il. Vous ne voulez pas que je l'appelle moi-même ?

— Surtout pas, il vous enverrait à la gare !

Je termine ce que je suis en train de faire, avec la tête cette fois complètement ailleurs. Il ne peut pas y avoir de hasard, et surtout pas quand il se manifeste de cette façon, sans que nous n'ayons rien demandé ou cherché. Il y a longtemps que le silence me pèse, que je vis mal avec cette hypocrisie autour de notre relation. Je ne peux pas me plaindre, je me suis engagée volontairement dans ce silence et peux remercier le Ciel de m'avoir permis, en douceur, d'amener Jean à accepter de dévoiler notre relation à nos proches. Mais de là à la rendre publique dans les médias, il y a un pas qu'il ne franchira sans doute pas.

Il m'avait dit, un jour, qu'il m'épouserait sur son lit de mort. Je l'avais grandement remercié pour ce geste généreux, mais qui viendrait trop tard ! Moi, je veux vivre au grand jour et maintenant notre amour, pas la veille de sa mort. L'intention était louable, puisque c'était une façon pour lui de me mettre à l'abri. Nous n'en avions plus reparlé. Pour moi, c'était maintenant ou jamais ! De toute façon, en m'épousant, il devrait quitter le sacerdoce, et ça, jamais je ne le lui demanderai.

J'ai bien du mal à le convaincre de parler à Manu Bonmariage.

— Il n'en est pas question ! dit-il, assez sec. Je n'ai aucune envie d'étaler notre histoire.

— Mais c'est une chance pour nous de sortir du mensonge, dis-je en tentant de le convaincre. Tu as toujours dit qu'un jour, tu quitterais le sacerdoce pour vivre notre relation au grand jour. C'est une excellente façon de faire passer un message, de dire ce qui t'écoeure dans l'Église. On t'offre sur un plateau l'occasion de t'exprimer sur tous les sujets qui te choquent et te blessent.

— Je le quitterai quand JE l'aurai décidé et je refuse qu'on me chasse d'un coup de crosse ! Ça ne manquera pas d'arriver si on fait un film sur nous. Tu penses, l'occasion sera trop belle de me montrer la porte ! Je ne partirai que la tête haute et de ma propre volonté ! Je ne veux surtout pas le voir demain ! Téléphone-lui pour lui dire ma réponse.

— Ah non, dis-je, déçue, tu vas le faire toi-même !

Contraint et un peu forcé, il appelle Manu, qui obtient gain de cause… Il tournera ses premières images le lendemain ! La seule promesse que Jean exige de lui est de ne rien faire paraître sans notre accord. À partir de ce jour et pendant deux ans, Manu ne nous lâchera plus ! Je peux dire aujourd'hui que sans lui, sans les remises en question qu'il nous a forcés à faire en parlant de nos choix, de nos espoirs, de notre foi et de notre spiritualité, sans ce questionnement incessant, nous ne serions pas arrivés à faire ce que nous avons fait.

Il débarque souvent après un coup de fil.

— Je suis dans les parages. Je peux venir ?

Il se développe d'ailleurs un sixième sens entre nous. Il suffit que je pense à lui et que je dise à Jean « *Il y a longtemps qu'on n'a pas vu Manu !* » pour que le téléphone sonne et que ce soit lui. On finit par en rire tellement cela se répète. Plus le tournage avance, plus cela se produit ! Il arrive avec une bouteille de vin, on se met à parler de tout, de rien, et tout à coup, il dit :

— Tu veux redire ça devant la caméra ?

On reprend le sujet, on parle, il filme. On ne voit plus la caméra, on sent qu'on se libère au fur et à mesure que les sujets se traitent. C'est comme un souffle nouveau qui agite nos pensées, nos ressentis, et nous nous laissons porter au gré des humeurs, des événements, des imprévus. Nous osons tout penser, tout dire. Nous nous rendons compte que le fait d'exprimer les choses à haute voix nous fait voir les aberrations qu'on nous a enseignées et imprimées dans l'esprit au point de ne pas oser remettre en question les plus ineptes. J'entraîne Jean à aller de plus en plus loin dans sa réflexion. J'enlève le bandage qui lui couvre les yeux, comme on déshabille quelqu'un de ses vêtements encombrants. Il se libère de tout ce qui pollue l'universalité du message de l'Évangile pour respirer, libre et grisé, dégagé de l'oppression qu'a fait peser sur lui sa hiérarchie.

Manu prend à la volée tout ce qui fait notre quotidien, pastoral et familial, comme ce jour où je reviens en pleurs d'une visite chez maman. Elle est tombée quelques semaines plus tôt et s'est cassé le col du fémur. Pour sa revalidation, je l'ai fait transférer à Sainte-Ode avec l'accord de mes sœurs qui avaient moins de temps disponible pour s'en occuper. Je lui fais tous les jours à manger, peu mais ce qu'elle aime. J'y vais souvent avec Luna qu'elle adore et qui, dès sa naissance, a eu un contact extraordinaire avec elle. Pendant que je régale maman, Luna, assise sur le lit, mange le repas préparé par la clinique. Elles se dévorent des yeux et communiquent à travers leurs sourires. Il y a de la douceur dans l'air.

Ce sont de bons moments. Je peux enfin m'occuper d'elle, et elle attend avec joie mes visites. Elle trouve que ce centre de vacances n'est pas si mal, bien qu'il y ait trop d'arbres à son goût ; évidemment, en plein milieu des bois... Mais cela finit par ne plus la déranger. Son esprit se promène librement en ville, elle me raconte ses sorties imaginaires, qu'elle a pris le métro, été au concert, vu ses amis... De prime abord, elle m'effraye par l'absurdité de ses propos, mais finit par me faire rire. Je suppose que c'est l'effet des médicaments. Ou bien est-ce le début de la fin ? Toujours est-il qu'elle semble heureuse...

Mais la clinique ne peut pas la garder, il faut la placer et lui réapprendre à marcher. Sa rééducation ne se passe pas bien, elle fait un blocage. Je sais, au fond de moi, qu'un nouveau changement lui sera fatal. Nous n'avons pourtant pas d'autre choix. Elle vit mal son transfert en maison de repos. Malgré tout ce que nous faisons pour aménager sa chambre avec ses souvenirs, malgré les douceurs, le petit verre de vin quotidien, malgré mes massages et les soins de notre médecin, elle se replie sur elle-même. Elle ne s'alimente plus. C'est sa façon de me faire sentir son désaccord et de garder une parcelle de contrôle sur sa vie.

Un jour, je reviens à bout. Je sens qu'elle part et n'ai aucun moyen, ni aucun désir de la forcer à vivre. Rien n'est bon, rien n'est bien. Ce jour-là, précisément, même la musique du programme classique à la radio n'est pas bonne ! Cela suffit à la mettre d'une humeur exécrable, et elle fait semblant de ne pas me voir. Je la quitte en pleurant. À la maison, Manu saisit au vol les larmes que je ne peux pas cacher.

— J'aimerais aller filmer ta maman, me dit-il. J'aimerais la filmer quand tu lui rends visite, quand tu la nourris, quand tu ranges son linge.

— Je veux bien, mais pas maintenant. C'est trop dur. Si tu veux, tu peux revenir avec moi lundi.

Lundi, il neige. Manu, caméra au poing, le corps penché en travers de la portière de la voiture, filme ce magnifique paysage qui se déroule sous ses yeux. Je gèle, mais il trouve le paysage si beau. C'est vrai que le site est superbe ! Avec trop d'arbres au goût de maman… mais superbe tout de même.

À la maison de repos, je me rends compte qu'on est lundi et que c'est le jour de la messe. Tous les pensionnaires sont au réfectoire, et maman aussi bien sûr ! Pour rien au monde, elle ne manquerait cet événement. L'infirmière me propose d'aller la chercher.

— Surtout pas ! dis-je. C'est le seul moment qui lui apporte de la joie.

Je prends Manu par le bras et l'emmène dans la petite salle à côté, où une ouverture permet de voir la célébration. Je lui demande de ne pas filmer, en lui désignant maman du doigt.

Elle est là, assise dans le cercle des pensionnaires qui entoure le prêtre. Les yeux clos, elle sourit, est ailleurs, dans un monde auquel je n'ai pas accès. Elle tient dans les mains une feuille qu'elle ne sait plus lire. Elle me touche, m'émeut. J'ai si mal au cœur de la voir là, réduite à une dépendance qui doit tellement lui peser.

Elle ne me verra pas. Elle ne me verra plus. Et moi, je n'ai pas conscience que je la vois vivante pour la dernière fois. Elle est partie, le lendemain, sur la pointe des pieds, seule, après une ultime prière avec Jean, « son » curé.

— Je suis fatiguée, lui avait-elle soufflé, je vais dormir maintenant.

Il l'avait bénie et était sorti.

Ce furent ses derniers mots, et je n'étais pas là ! J'aurais pourtant tellement voulu l'accompagner, comme Pépé, comme Émile, comme ces inconnus que mes mains ont rassurés au moment de l'ultime départ. Mais elle, avec un dernier soubresaut d'indépendance, me marquait sa volonté de choisir elle-même la manière et le moment de s'en aller. Elle m'avait pourtant fait un dernier signe, un ultime au-revoir. Je montais en voiture pour rentrer, quand je sentis mon corps parcouru de frissons. Je murmurai tout bas, car je n'étais pas seule :

— Je ne sais pas ce que vous voulez me dire, là-haut, je ne comprends pas le message que vous m'envoyez. Soyez plus clairs !

Dix minutes plus tard, le docteur m'appelait sur mon portable. Elle venait de mourir. Je comprends alors que c'est elle qui est venue me dire au revoir. Je suis sûre qu'elle a choisi ce moment pour partir, sachant que je n'étais pas seule, puisque j'avais avec moi mes fils et mes petites-filles. J'avais garé la voiture sur le bord de la route et ai pleuré amèrement dans les bras de Roman le départ manqué de ma mère.

Je regrettais tellement et tant de choses qu'au moment où j'écris ces lignes, je ne peux retenir ni mes larmes ni mon chagrin. Ce que je n'oublierai jamais, ce sont les bras de mon fils qui me serre contre lui. Ces échanges sont si courts et si rares… Roman en veut à sa grand-mère pour de bonnes raisons, les siennes, et ne viendra pas à ses funérailles, mais il a partagé avec moi, quelques minutes, ce chagrin unique de perdre sa mère.

Depuis son départ, nous avons eu tout le temps, elle et moi, de régler nos comptes, de guérir de nos manques, des silences qui tuent, de nos intolérances réciproques. C'est une toute autre communication qui s'est installée entre nous, combien vivante, manifeste, tellement réelle dans son irréalisme. La dernière image d'elle vivante, sereine dans sa prière, m'accompagne jour et nuit. Elle repose en paix, sous la terre de Journal, à côté de la tombe, déjà prête mais vide, de Jean, celle où je reposerai moi aussi un jour. Comme le dit Jean avec un clin d'œil :

— Tu auras le choix. Quand on s'engueulera sous terre, tu pourras toujours retourner chez ta mère…

Le temps du pardon est venu. Celui de la guérison commence. Les événements, pendant ces années, vont se succéder, les uns tristes, les autres gais, avec ou sans la caméra de Manu.

Il y a eu la naissance de Sarah, quelques mois avant la mort de maman. C'est sur son sourire que ma mère est partie. Ce fut la première et dernière visite d'un nouveau-né à son aïeule. Sarah porte aussi le doux prénom de Romane, comme mon père et comme son père.

Mon père, tout au long de notre histoire, m'entoure avec gentillesse. Il accepte la présence de Jean comme un cadeau pour moi et pour lui. Il adore ses arrière-petites-filles. En grandissant, elles le lui rendent spontanément et chaleureusement.

Julien ne verra jamais cette dernière petite-fille. Malgré les efforts faits pour surmonter mes sentiments, il en est un sur lequel je ne parviens pas à passer : le dégoût. Partout, il s'affiche avec sa femme, enfant au bras et, au fond de moi, j'ai honte de lui. Il a déjà une petite-fille de cet âge, Laetitia, née d'un fils de son premier mariage et, depuis deux ans, cette petite-fille vit chez moi ! J'admets que la situation est assez embrouillée… Pour résumer, Julien s'est marié une première fois et a eu deux fils, Michel et Nicolas. Michel a une fille, Laetitia. Julien m'a ensuite épousée et nous avons eu deux fils, notre aîné qui a deux filles, et Aurélien, le cadet. Roman et Aurélien sont donc les oncles de Laetitia, et, des deux oncles, un a trois ans de plus que sa nièce et l'autre trois ans de moins ! Les parents de Laetitia étant ce qu'on appelle des irresponsables, je m'occupais et gardais depuis longtemps leur fille, qui, au fil du temps, était devenue un peu la mienne, mais elle a, comme Roman, plus ou moins le même âge que sa nouvelle belle-grand-mère ! Tout cela devenant trop compliqué, je demande à Julien, qui vit encore dans le village, de mettre les voiles vers une destination lointaine. Il part pour les Flandres.

C'est le moment que choisit la commune pour m'expulser du presbytère. Vraiment, dans la vie, il n'y a jamais de hasard ! Un matin, Jean reçoit un courrier, sec, tranchant, le priant d'occuper lui-même le presbytère ou d'en rendre la clé. Sans que personne ne me prévienne, rompant unilatéralement la convention qui unit Jean et la commune, me voilà en demeure de quitter les lieux, et au plus vite.

C'est ici qu'on mesure le peu de respect de l'Église envers des personnes avec qui elle travaille. Pourtant, l'accord entre le Vicaire Général et le maïeur était très clair : Jean venait assurer la pastorale des trois villages et je venais, moi, comme assistante. Certaines mauvaises langues disent « gouvernante », mais je n'ai jamais rien gouverné d'autre que son cœur ! J'occupais le bâtiment communal en échange de services paroissiaux, que j'avais, pour ma part, pleinement remplis, poussant même la conscience jusqu'à suivre deux années d'études de théologie. J'avais arrêté les cours quand le professeur de dogmatique avait assuré, avec beaucoup de conviction, qu'un jour on arriverait à faire un dogme du célibat des prêtres. Je m'étais levée et avais dit bien fort, à la surprise générale : «*Moi vivante, jamais !*» J'étais sortie du cours pour ne plus y remettre les pieds.

Devant la menace d'un nouveau déménagement, je cherche appui dans la hiérarchie, mais quand il a fallu défendre ma position, il n'y avait plus personne ! Silence radio du côté du vicariat, paroles lénifiantes du côté du doyenné… L'équipe paroissiale essaye, mais sans grande conviction, de faire valoir l'utilité de mon travail. Par contre, tout le monde met beaucoup d'acharnement à vouloir garder l'occupation des lieux… des briques ! Surtout ne pas lâcher les briques… Alors pour ne pas les lâcher, ils ont lâché les hommes.

Je fais mes caisses, dégoûtée à tout jamais des hommes qui prétendent vivre selon les préceptes évangéliques mais qui, pour défendre des intérêts matériels, font passer leurs frères et sœurs en second plan. Dégoûté lui aussi, mais voulant rester correct et respectueux vis-à-vis de ses paroissiens, sans les prendre en otage dans un conflit où ils avaient une part de responsabilité (mais pas la principale), Jean leur avait signifié un préavis de 365 jours ! Ils ne l'avaient pas cru… L'avenir allait leur prouver qu'ils avaient tort.

Julien et sa douce ayant quitté les lieux, la maison de Journal est inoccupée, et c'est là que je dépose mes valises. J'accomplis ainsi mon dix-septième déménagement en vingt-cinq ans, depuis que j'ai quitté la maison paternelle ! Je le fais au plus vite, houspillée par un maïeur très pressé de me voir rendre les clés. Je dépose lesdites clés dans sa boîte aux lettres avec un mot cinglant ; il m'appelle, offensé par mes écrits. C'est la première fois que je l'ai au téléphone depuis cinq ans que je vis dans la commune. Je crois même que c'est la première fois qu'il m'adresse la parole !

— Je ne comprends pas, dit-il d'un air faussement étonné.

— Vous ne comprenez pas quoi ?

— Ce que vous m'écrivez !

— C'est pourtant clair ! Vous me jetez dehors, sans me prévenir ! Je réagis !

— Venant de quelqu'un comme vous ! Je vous croyais au-dessus de ça !

— Au-dessus de quoi ? De votre mépris ? Des malveillances et des jalousies de votre opposition ? Mais qu'est-ce que vous savez de moi, Monsieur ?

Je sens la colère me gagner.

— Vous ne savez rien de moi, vous ne savez rien de ma situation. Jamais vous ne vous êtes demandé qui je suis et de quoi je vis !

— Vous n'êtes pas quelqu'un qui semble avoir besoin d'être protégée ! dit-il avec moquerie. Et si vous aviez besoin de quelque chose, il fallait me le demander, je ne demandais pas mieux que de vous aider.

— Justement, je ne suis pas ce genre de femmes qui vient chercher appui et protection, qui se plaint et profite de vos pistons ! Pas plus que je ne suis entretenue par le Père Jean !

— Je ne comprends pas de quoi vous vous plaignez ! Vous ne perdez pas au change, il me semble, avec la maison du Père Jean ! C'est un bien beau bâtiment !

— Vous ne comprenez vraiment rien. Je ne vous parle pas de bâtiment, mais d'une famille qui existe et que vous maltraitez !

— Comment ça, que je maltraite ?

— Oui, parfaitement. Vous nous maltraitez ! Vous avez combiné mon expulsion en passant complètement par-dessus ma tête, comme si je n'étais qu'un objet qu'on déplace ! Vous n'avez aucun égard pour l'être humain que je suis. La moindre des choses était de me prévenir personnellement que vous souhaitiez mon départ. Et si c'était une question d'argent, il aurait suffi de me demander un loyer. Je vous l'aurais payé ! Mais vous avez raison, je serai beaucoup mieux ici et ne serai plus obligée de fournir un service qui me pèse, tant il y a de fausseté et de malveillance chez vos administrés !

Le ton étant monté, de ma part surtout, il finit par me raccrocher au nez en me souhaitant beaucoup de bonheur. Je suis très en colère contre lui, mais ne me doute pas à ce moment-là qu'un jour, je le remercierai, car c'est ce déménagement qui m'amènera au mariage.

CHAPITRE 23

Je m'installe avec Aurélien dans la grande maison de Jean au début de l'été. Nous reprenons nos allers retours nocturnes entre les deux villages, mais cette fois, c'est Jean qui descend passer les soirées et, de plus en plus souvent, les nuits avec moi. Il a toujours plus de réticences à rentrer chez lui.

Au bout de l'été, qu'il passe en grande partie avec moi dans la maison, il me dit :

— C'est vraiment idiot d'avoir déménagé pour me trouver plus près de toi et maintenant devoir refaire le chemin en sens inverse ! Je n'ai pas envie de retourner vivre tout seul là-bas !

— Qu'à cela ne tienne, puisque tu as donné ton préavis pour la fin juin, viens habiter avec moi ! Quelques mois plus tôt ou plus tard, ça ne changera rien. Je ne supporte plus ces va-et-vient. Je ne sais jamais où je suis quand je m'éveille ! À vrai dire, je ne supporte plus l'idée de dormir sans toi non plus.

Il me regarde avec des yeux pétillants :

— Moi non plus je ne supporte pas de dormir sans toi ! On dirait qu'on a toujours vécu ensemble. Je suis habitué à toi comme si nous avions passé toute notre vie l'un à côté de l'autre. C'est un sentiment très neuf pour moi d'être dans une telle connivence avec quelqu'un, tout comme cette confiance que nous avons l'un pour l'autre. Je crois que je ne pourrais plus vivre sans toi ! Tu me connais mieux que personne, tu me devines sans que je ne parle, tu m'apaises, tu m'amuses. C'est terrible !

— Qu'est-ce qui est terrible ?

— De ne plus pouvoir me passer de toi !

Je ris, rassurée. Moi non plus je ne peux plus imaginer ma vie sans lui. C'est là ma peur, quand je pense qu'il a vingt-cinq ans de plus que moi et que, logiquement, il partira bien avant moi. J'essaie de ne pas y penser, mais chaque nuit, lorsque je m'endors contre lui, je demande à Dieu qu'il me le garde encore longtemps. Qu'encore longtemps, ensemble, nous puissions lui témoigner notre amour et notre fidélité. Qu'ensemble, nous puissions continuer l'apostolat qui fait de notre vie une existence à l'écoute des autres. Une vie remplie des autres.

Comme à chaque fois que nous sommes émus, nous nous retrouvons serrés dans les bras l'un de l'autre. Il me repousse doucement et, me tenant à bout de bras, dit :

— Et si on se mariait, tant qu'on y est ? Plus rien ne m'en empêche !

— Ne plaisante pas avec ça ! dis-je, sur le qui-vive.

— Mais je ne plaisante pas ! On va se marier ! Dès que j'ai fini mon mandat !

— Tu es fou ! Tu vas arrêter ton sacerdoce ? Ne plus célébrer l'eucharistie ? Mais tu vas être malheureux ! Tu vas en mourir !

— Il n'est pas question de tout abandonner, encore moins de mourir ! dit-il, espiègle. Ne t'inquiète pas, je suis plein de ressources… et des églises, il n'y en a pas qu'une !

Cette fois, je me rends compte qu'il ne plaisante pas. Je comprends à demi-mot qu'il a déjà pensé à toutes sortes d'alternatives. Il rit, fier d'être parvenu à me surprendre une fois encore.

— Tu imagines leur tête, à la maison communale, quand on ira s'inscrire pour publier les bans du mariage ?

Je le regarde, interloquée par ce qu'il vient de dire.

— Mais tu songes à ça depuis combien de temps ?

— Un certain temps ! J'avoue que je trouve assez piquant que le maïeur marie son curé…

— Attends, tu ne crois pas que je vais aller m'engager avec toi devant ce type qui m'a mise à la porte ?

— Pourquoi pas ? Tu t'en fous !

— Mais non, je ne m'en fous pas ! Je ne veux pas donner mon consentement devant quelqu'un qui m'a manifesté un tel dédain et qui a eu si peu d'égards pour moi !

— De toute façon, on est obligés de se marier dans la commune de son domicile et, à moins de nous faire domicilier ailleurs, je ne vois pas comment y échapper.

— Tout simplement, en se mariant à l'étranger, loin d'ici ! dis-je, effrayée à l'idée d'être placée dans la ligne de mire des mauvaises langues et des commères du coin.

— Mais il faut aussi habiter sur place, même à l'étranger, répond-il.

— Non, pas forcément, on peut se marier sur un bateau, en pleine mer, hors des eaux territoriales. Un capitaine a ce pouvoir.

— Seulement si c'est un cas de force majeure !

— Mais un curé qui se marie, c'est un cas de force majeur, puisque ça lui est interdit ! Tu ne crois pas ? dis-je avec humour cette fois.

— Sûrement que non ! Allez, tu vois qu'on n'a pas d'autre choix que la commune.

— Jamais ! Il y a sûrement une autre solution. Il y a Las Vegas ou l'Écosse !

— L'Écosse ? demande-t-il, soudain intéresé.

— Mais oui, en Écosse, à Gretna Green, le forgeron marie depuis des siècles les mineurs d'âge dont les parents refusent le mariage, souvent pour cause de mésalliance. Et c'est un mariage légal.

— Je sais, dit-il, j'ai un cousin qui s'y est marié, mineur, parce que la famille ne voulait pas de cette alliance.

— Eh bien, tu vois, c'est déjà une habitude familiale ! Lui, il était trop jeune, et toi trop vieux ! Des rebelles, quoi ! Donc soyons rebelles jusqu'au bout et marions-nous là-bas !

— Tu as raison, Las Vegas, c'est un peu loin et ce n'est pas très romantique. Va pour l'Écosse, dit-il, amusé à l'idée de faire un pied de nez à notre entourage.

À partir de ce jour-là, nous commençons les démarches en vue de notre union, et ce qui a débuté par une plaisanterie finira par la signature d'un contrat de mariage en bonne et due forme.

Tenant parole, pendant les mois restants, Jean met toute son énergie à la mise en place de l'équipe paroissiale, de façon à ce qu'elle fonctionne sans pasteur, au cas où il n'y aurait pas de remplaçant. Je trouve, moi, qu'il dépense beaucoup d'énergie pour rien… Je ne me fais aucune illusion sur la continuité de ce qu'il a amorcé. Je suis complètement désengagée de cette mission pastorale, trop blessée par le manque de franchise et d'honnêteté des gens qui nous entourent.

J'attends avec impatience – et une certaine appréhension tout de même – cette dernière messe pendant laquelle il va annoncer officiellement notre mariage, mettant fin aux rumeurs qui vont déjà bon train. Manu, bien sûr, a promis d'y assister. Pour rien au monde, il ne voudrait rater un événement pareil…

Mais avant cela, il y a sa dernière réunion d'équipe : soirée de passation et d'adieux à laquelle je refuse d'assister. Si elle est restée aussi marquée dans ma mémoire, ce n'est pas à cause de la réunion en elle-même car je n'y suis pas allée de toute façon, mais à cause de la résurgence de ces terribles peurs ancestrales qui m'avait prise de court une fois encore. L'absence de Jean les rendait plus angoissantes encore.

Ce soir-là, pour la première fois, j'avais Luna et Sarah en garde pour la nuit. J'étais parvenue à enfouir dans ma mémoire mes peurs et les pleurs de Luna, me disant qu'un enfant n'était pas l'autre et que cela ne devait pas forcément se reproduire avec Sarah.

À minuit, à bout, en larmes, assise dans l'escalier avec une petite hurlant dans chaque bras, j'avais appelé Jean au secours, coupant court à cette réunion qui n'en finissait pas… Je sais que cela pouvait paraître idiot, mais mon « fantôme » était revenu, plus fort que jamais. Il n'y avait rien à faire, l'oppression que je ressentais devait se communiquer aux petites. Elles s'étaient réveillées à tour de rôle, réclamant leurs parents, pleurant à gros sanglots, sans moyen pour moi de les calmer.

Quand Jean était revenu, alarmé par mes pleurs et les cris des petites, il n'en n'avait cru ni ses yeux ni ses oreilles. Assises dans l'escalier, nous hurlions à trois voix, elles de ne pas voir leurs parents et moi de mon inefficacité à les calmer. Les parents, alertés eux aussi, accoururent en riant de me voir dans un tel état. Ils n'avaient aucune idée des démons qui se déchaînaient en moi, sans aucun contrôle de ma part sur les émotions qui surgissaient du fond de mes entrailles. Ils pouvaient en rire ; moi je ne riais pas !

C'est seulement à ce moment-là que je réalise pleinement que m'a été transmis, non pas le conflit d'abandon de mon arrière-arrière-grand-père, mais celui « d'abandonnant » par celle qui l'a abandonné. Je comprends que, toutes les fois où je me suis trouvée en situation de quitter un enfant et que je me suis sentie très mal, c'était déjà ce conflit qui couvait en moi. Une image, très claire, me revient en mémoire : celle de mes deux petites nièces que j'ai dû conduire à l'école, un matin, très tôt. Je devais avoir dix-huit ans. Je me revois à la porte de ce vieux collège, tenu par des béguines, une petite puce à chaque main, cherchant du regard quelqu'un à qui les confier. Pas l'ombre d'un voile à l'horizon, seulement un long couloir aux couleurs verdâtres, des bancs vides de chaque côté, et une faible loupiote pour me donner un éclairage rassurant sur la situation. De sa petite voix serrée, Aurore m'avait dit :

— Il faut attendre là !

Elle m'indiquait de son petit doigt les bancs désespérément vides vu l'heure matinale. Je les avais lâchées et étais partie sans me retourner, en courant, pour m'empêcher de les enlever à cet horrible endroit. J'avais appelé ma sœur et lui avais dit que, désormais, elle n'avait qu'à faire elle-même ce genre de choses, car plus jamais je n'irais les « abandonner » dans ce lieu triste à mourir, avec le sentiment d'amener une bête à la fourrière.

Ce sont toutes ces émotions, non décodées jusqu'alors, qui reviennent à la surface avec les images, les odeurs, les couleurs de chaque séparation. Cela avait continué tout au long de la scolarité de mes fils. Chaque voyage scolaire, chacun de mes départs, chacune de mes sorties a son lot de larmes et d'angoisses. À chaque fois, je me traite de folle une fois le calme et les enfants revenus à la raison où à la maison.

Arrive enfin ce moment attendu avec impatience et inquiétude… La dernière messe de Jean !

Je vais de moins en moins aux célébrations. Aussi étrange que cela puisse paraître, je le fais par égard pour la communauté. Je sais bien qu'elle me rend responsable du départ de Jean et qu'au lieu de le soutenir dans sa démarche pour sortir de l'hypocrisie et du mensonge, elle préférerait continuer à fermer les yeux et garder son curé, même s'il entretient des liens étroits avec moi. Je ne leur en veux pas. Chacun a ses limites, et les esprits ont parfois du mal à penser par eux-mêmes. C'est tellement plus facile, moins dérangeant d'appliquer à la lettre des commandements qu'on croit venir du Ciel, sans vouloir les remettre en question et penser qu'ils ne sont que l'expression humaine d'une prise de pouvoir sur les âmes. Cela permet de juger, de condamner sans chercher à comprendre et encore moins à aimer et à pardonner. Mais, dans notre cas, pardonner quoi ? Nous ne faisons rien de mal. Nous nous aimons, et c'est l'unique commandement reçu de Jésus. Le reste a rétréci comme une peau de chagrin. Cela nous a demandé de nombreuses remises en question et nous a coûté quelques nuits de discussion. Aller de plus en plus loin, aborder l'inabordable, se révéler à l'autre dans notre foi la plus profonde est devenu un exercice aussi intime que faire l'amour.

Je sais que c'est peine perdue d'essayer de convaincre, mais cette dernière messe, je veux y assister. Elle me concerne. Ne pas y aller serait dédaigneux de ma part et permettrait une critique de plus. Et puis, Manu, avec son inséparable objectif, est là, voulant immortaliser cet instant. Il m'avait souvent poussée à faire et à dire des choses que je n'aurais jamais imaginé possibles et, quelque part, par ma présence ce jour-là, je lui marque ma reconnaissance.

Je m'attends à ce que la belle petite église du village soit pleine, puisqu'on a annoncé que c'est la dernière messe du curé. Mais non, il y a peu de monde, moins encore qu'à l'ordinaire. Le message est clair… Pas besoin d'un dessin pour comprendre leur mécontentement. Quelques bonnes âmes ont conseillé à Jean de n'aborder le sujet qu'en fin de messe. Je ne sais absolument rien de la façon dont il va faire cette annonce. Il me réserve parfois des surprises, et je n'ai voulu lui mettre aucune pression, sachant combien ce moment est difficile à vivre pour lui. C'est son dernier acte dans l'église romaine, et il lui appartient entièrement de décider comment le jouer. Je ne m'attends donc pas à ce que, dès l'évangile achevé, il commence l'homélie par :

— Des rumeurs courent sur l'éventualité de mon mariage…

Silence… Silence de mort… Les visages sont surpris, tendus, les lèvres sont serrées, les bras se croisent sur les poitrines. Regardant l'assemblée médusée, il ajoute :

— Eh bien, les rumeurs sont justes, je vais me marier !

Je me cale sur ma chaise… La foudre va tomber ! Il continue, sans me regarder.

— Oui, je me fiance, et mon mariage fera de moi un veuf ! Oui, je serai veuf de vous ! Puisqu'il me faut choisir et que mon choix est de me marier, je serai veuf de ma communauté.

Il dépose sur l'autel le bâton de berger qu'il a reçu de la communauté lors de son intronisation. Avec émotion il dit :

— Je rends ce bâton que vous m'avez offert à mon arrivée pour que je mène le troupeau qui m'était confié. Puisque je pars, je le dépose sur cet autel, jusqu'à ce que qu'un autre pasteur le prenne.

L'atmosphère est pesante. Il continue sa célébration comme d'habitude, et c'est sans avoir prononcé une seule fois mon prénom qu'il sort de l'église en chantant «*Je vais vers la lumière!*» L'assemblée se tait, assommée par cette déclaration à laquelle elle ne croyait pas. Et moi je sors, vexée qu'il ait dit «*Je me marie*» sans préciser que c'est avec moi, même si c'est évident! Je suis contente qu'elle soit finie, cette comédie du «je ne dis rien, mais je n'en pense pas moins». Les hostilités sont ouvertes. Elles auront au moins le mérite d'être directes.

CHAPITRE 24

Nous annonçons notre décision de nous marier en Ecosse.

Pour respecter les convenances et surtout les traditions, Jean commence les choses sérieuses en demandant officiellement ma main à mon père. Ce moment, hors du temps, surréaliste quelque part, reste lui aussi gravé dans ma mémoire. À table, face à face, deux barbus de la même génération se regardent avec respect. Même si Jean a dix ans de moins que mon père, ils sont de la même génération. L'un demande la main de sa fille à l'autre qui la lui offre avec joie ! Image fugace de l'Ancien Testament ! Ces deux hommes, essentiels dans ma vie, m'émeuvent et m'attendrissent. Ému lui aussi par cette demande inattendue, mon père serre Jean dans ses bras. Me confiant à lui, il dit :

— Je suis heureux de vous donner ma fille. Elle mérite de connaître le bonheur, et je suis fier de vous avoir pour gendre. Soyez heureux, je vous donne ma bénédiction !

Voilà mon père qui bénit un curé… mais je suis si touchée par ce geste d'amour et de confiance que je me mets à pleurer.

Les démarches avancent. Jean demande à Roman d'être son témoin et moi à ma marraine et cousine. Nous pensions nous envoler tous ensemble pour l'Écosse : nous, nos témoins, mes fils, ma belle-fille et ses quatre filles, y passer une semaine et faire une célébration spirituelle à notre retour pour ceux qui ne nous accompagnaient pas.

— Pas question que vous vous mariiez sans nous, avaient dit mes trois sœurs d'un même cœur.

Devant leur enthousiasme, nous cherchons un cottage pour loger tout ce monde. Car s'il y avait déjà les mariés, les témoins, leurs conjoints respectifs et leurs enfants à loger, il y a dorénavant mes sœurs et leurs maris, mon plus jeune fils, une nièce, son compagnon et son fils, Thomas, le filleul de Jean, et Manu avec sa caméra ! Pas question pour lui de rater l'événement ! Heureusement qu'avec internet, on peut à peu près tout régler, tout trouver, tout réserver à distance.

Nos papiers commencent à rentrer : demandes d'extrait d'acte de naissance, de divorce pour moi, de célibat pour Jean. Tout est à faire traduire par un traducteur juré et tout doit transiter par l'ambassade de Belgique à Londres ! On s'étonne autour de nous des complications d'un mariage à l'étranger : « *Mais pourquoi vous marier si loin ?* » C'est devenu un leitmotiv... Jean choisit la version : « *Par discrétion !* »

Nous envoyons une centaine d'invitations, bien longtemps à l'avance. Nous ne savons pas qu'elles vont se répandre dans le royaume comme une traînée de poudre, créant des polémiques entre les « pour » et les « contre ». La discrétion n'est plus de mise... Le contrôle sur les envois de faire-part nous échappe, arrivant jusqu'à l'évêché et entre les mains d'un journaliste !

C'est aussi une période où le célibat des prêtres est d'actualité avec un ouvrage nouvellement paru, qui chiffre le concubinage des prêtres à un sur cinq ! Notre faire-part arrivant par indiscrétion entre les mains d'un journaliste, nous recevons un matin un appel nous demandant si nous accepterions de parler du sujet pour le journal parlé du jour. Pour moi comme pour

Jean, « journal parlé », cela veut dire qu'il s'agit de la radio. Cela préserve donc un certain anonymat que n'a pas la télévision, et nous acceptons le rendez-vous qu'on nous propose dans la matinée. Quelle n'est pas notre surprise, l'heure dite, d'ouvrir la porte non à un journaliste avec son micro, mais à une journaliste avec une équipe de télévision ! Devant notre regard ébahi, elle nous dit :

— C'est pour le JT de ce soir ! On vous a téléphoné ce matin.

— On croyait que c'était pour la radio !

— Ah non, c'est mieux, c'est pour la télé ! On peut entrer ?

J'ai en effet toujours la main sur la poignée de la porte.

— Entrez ! Bien sûr, dis-je en m'effaçant et en les laissant entrer.

Je regarde Jean, désarçonnée.

— Qu'est-ce qu'on fait ?

Il a l'air aussi perdu que moi.

— Qu'est-ce que tu en penses ?

Je réfléchis un quart de seconde et lance :

— OK, on y va !

Je me sens poussée dans le dos. Quelque chose de plus fort que ma volonté me montre la route à suivre, me projette en avant et m'oblige à lâcher prise. C'est que les choses doivent se faire ainsi, et j'accepte de me laisser mener là où Dieu m'attend. Cela ne fait aucun doute, ni pour moi ni pour Jean, que ce n'est pas le hasard qui a mis une telle confusion sur notre route. Sinon, de notre chef, nous n'aurions pas accepté de passer à la télé.

Mais voilà, ils sont là et, habitués depuis un moment à parler devant la caméra de Manu, nous n'avons aucune difficulté à nous exprimer. Bien sûr, dans les minutes qui suivent le JT de 19h30, la maison résonne d'appels téléphoniques de tous ceux qui apprennent ou savent déjà, nous félicitant pour notre mariage et pour notre courage.

Dès le lendemain, la presse écrite annonce, *urbi et orbi*, le mariage du curé de Journal avec son assistante! Gros titres et photos, nous faisons la une sans avoir le temps de réaliser ce qui arrive. Quoi que puissent penser les gens, nous n'avons pas cherché à nous mettre sous les feux des projecteurs.

Durant les semaines qui suivent, le courrier arrive, abondant, émouvant, de ceux et celles qui veulent partager avec nous notre bonheur. Deux seulement dans le lot sont désagréables. Une des lettres est anonyme (mais si peu!) et adressée au journal qui a osé faire paraître l'article. Le journal nous en envoie une copie. Écrite d'une main tremblante, usant d'un vocabulaire désuet de bigote, cette personne me voue aux flammes de l'enfer, là où brûlent les « divorcées et femmes de mauvaise vie »! L'autre, bien sûr, vient de l'évêché et veut s'assurer que la rumeur de notre mariage est fondée, ce que Jean confirme par retour de courrier. Ce qui devait arriver arriva, car nous nous y attendions: la missive de l'évêché, tranchante comme le couperet de la guillotine, interdisant à Jean de célébrer, prêcher, consacrer, une fois marié.

Nous cherchions la discrétion... Ce fut réussi!

Nous devons faire face à toutes sortes de réactions. Le reproche le plus fréquent qu'on nous adresse est d'avoir médiatisé notre mariage. Pourtant, nous n'avions pas choisi, à ce moment-là, de faire parler de nous et, si Manu filme régulièrement des images de notre vie, il ne sait pas encore ce qu'il va en faire, ni à quoi elles vont servir. Néanmoins, à partir du moment où les choses deviennent publiques, nous n'avons plus aucune raison de nous taire. Feu vert est donné à Manu pour vendre les images qu'il a filmées pendant un an avec, en prime, notre mariage en Écosse.

Même Antenne 2, ayant eu vent de l'événement, veut faire une émission, *Ça se discute*, avec nous, sur le thème des amours interdites. Les discussions sont longues avant que nous cédions à leur demande. Nous savons que l'audience de cette émission est énorme et que c'est un bon canal pour faire connaître notre point de vue, mais nous nous doutons aussi que le message que nous voulons faire passer n'est pas le principal souci de l'animateur. Il veut du romantisme, du sensationnel, de l'amour et du sexe, des mensonges et des trahisons, mais pas vraiment aborder le problème du célibat des prêtres. Nous sommes parvenus à obtenir que l'animateur nous pose une question sur le sujet et, en échange, nous nous soumettons aux suivantes.

Comme je suis prise dans la tempête générée par cette médiatisation, quelque chose m'échappe, qui va me valoir beaucoup de larmes.

CHAPITRE 25

À genoux devant ma valise ouverte sur le tapis de la chambre, je ne parviens pas à me résoudre à en retirer les robes de mes petites demoiselles d'honneur. Secouée par les sanglots, je n'arrive pas à ordonner à mes mains d'enlever de mes bagages les tenues que j'ai choisies pour mes petites-filles, assorties à ma robe de mariée.

Elles ne nous accompagneront pas en Écosse, Roman et Nathalie non plus ! C'est Nathalie qui a annoncé à Jean qu'ils ne viendront pas. Dans l'émotion, je crois qu'il n'a rien compris à ce qu'elle disait. A fortiori, moi non plus, puisqu'elle m'avait délibérément exclue de l'entrevue. Je tente de discuter, de comprendre, mais toutes mes démarches restent vaines. Mon fils ne veut plus ni me voir, ni me parler. D'où vient donc cette souffrance qu'il ne parvient pas à exprimer ? L'étouffe-t-elle au point qu'il choisisse de me blesser dans ce qui va me faire le plus mal : leur présence à lui et à mes petites-filles ? Ma blessure est si grande que je ne peux pas entendre, au-delà de ce geste, le désespoir qu'il cache. C'est pourtant une piste, et je ne l'ai pas suivie.

Devant mon chagrin, Jean, lui aussi touché, finit par dire les mots, sages et intelligents, qui me permettront de passer à travers l'épreuve sans tout gâcher :

— Ne laisse pas notre bonheur dépendre de l'humeur de nos enfants. Regarde autour de toi ceux qui ont choisi de nous accompagner en venant avec nous en Écosse. Pour nous, pour eux, il faut redresser la tête et t'accrocher à ce qui est beau. Tu ne changeras rien à sa décision, à son mal-être. Il faut qu'il grandisse encore et qu'il arrive à te dire en face ce qu'il te reproche. Aie confiance, tu sais que tout s'arrange toujours avec le temps.

Le temps, il va en falloir pour que je comprenne, pour que j'accepte d'entendre ce qu'il ne me dit pas et que je dois deviner.

Les petites robes, sorties de la valise, sont mises de côté, au cas où. Une fois qu'elles seront hors de ma vue, il me sera plus facile de me tourner vers le bonheur qui m'attend.

CHAPITRE 26

Nous sommes seize. Un départ qui ne passe pas inaperçu à l'aéroport ! Pourtant, Manu a rangé sa caméra pour le voyage. Il ne la ressortira qu'une fois que nous serons arrivés à destination.

Arrivés dans le hall de l'aéroport, la tension monte d'un cran. J'ai confondu les deux aéroports de Glasgow : nos voitures de location nous attendent dans l'autre aéroport, à plus de trente kilomètres. Le réceptionniste fait preuve de peu de compréhension devant notre situation et devant le vocabulaire fleuri et la verve avec laquelle mes souvenirs d'anglais me permettent de lui exprimer ma pensée. On finit par négocier deux nouvelles voitures, mais pas de chance pour nous, ils n'ont plus les mêmes modèles. Comme par hasard, ceux qui sont disponibles sont plus chers ! *Of course* ! Après beaucoup d'énervement, nous obtenons enfin les clés des véhicules. Nous rassemblons les effectifs et s'apprêtons à sortir de l'aéroport quand nous nous rendons compte que Thomas n'est plus là !

Thomas… Un vrai poème ! Plus distrait que le professeur Tournesol, plus curieux qu'une puce d'ordinateur, plus lent qu'un limaçon constipé, et c'est peu de le dire. À l'affût du lieu d'aisance, où qu'il soit, c'est toujours là qu'on le retrouve quand il a disparu. Effectivement, c'est de là qu'il sort après quelques minutes d'exaspération de la part de Jean. Il connaît bien l'apôtre : il l'a vu naître ! Loin d'être désolé de l'inquiétude qu'il a causée, il nous regarde en haussant les épaules et en disant :

— Et quoi ? J'étais aux toilettes, je n'avais pas disparu !

Tout le monde trouve place dans les voitures. La tension a encore augmenté d'un cran.

Je suis inquiète. Comment Jean va-t-il s'en sortir avec la conduite à gauche, lui qui est si distrait ? Il a refusé la proposition de Manu de prendre un des volants. Il conduira lui-même, au risque de nous perdre ! Jean-Claude, mon beau-frère, conduit l'autre véhicule, et mon cousin, qui est venu avec sa voiture par bateau, complète le convoi. Manu lit la carte et donne les directives. Moi, je regarde, inquiète, le bord de la route qui s'éloigne et se rapproche dangereusement. Je ne suis pas sûre que nous arriverons sans incidents. Dans la tension qui nous habite les uns et les autres, tout à coup, Thomas demande à voir la carte.

— Pourquoi, dit Manu, tu cherches des chiottes ?

— Non, pourquoi ? C'est indiqué sur la carte ? répond-il avec candeur et innocence.

Nous sommes tous pris d'un tel fou rire que cela finit par nous détendre et que nous pouvons enfin profiter du paysage, de sa beauté, de son charme. Le beau temps est de la partie, et c'est sous le soleil d'une magnifique fin d'après-midi automnale que nous découvrons, ravis, le cottage qui va nous accueillir pour ces quelques jours de festivités.

L'urgence, puisque nous sommes samedi en fin de journée, est de trouver un endroit où faire les courses pour le week-end. On désigne un chauffeur et un responsable des achats. Le village n'est qu'à quelques kilomètres. Pendant ce temps, un casse-tête se pose à nous : nous sommes seize et il n'y a que dix lits ! Nous avons, heureusement, mis des sacs de couchage et des matelas pneumatiques dans la voiture qui vient de Belgique, et c'est aux plus jeunes qu'on attribue les canapés et autres lieux inconfortables. Il n'y a aucune contestation en ce qui concerne la chambre au lit à baldaquins ! Elle nous est attribuée, et c'est la première image que Manu filme : ce lit à froufrous et dentelles qui servira de couche aux jeunes mariés.

Ce sont de bons moments. Chacun mettant la main à la pâte, c'est dans une ambiance joyeuse et assez bien arrosée que nous commençons ces jours de fête.

Le mariage civil est prévu le lundi après-midi à plusieurs dizaines de kilomètres de notre résidence. Le dimanche, par précaution, nous allons repérer les lieux, histoire de ne pas arriver en retard et de ne pas nous voir renvoyés aux calendes grecques… Nous avions bien compris à travers les échanges de mails qu'il ne fallait pas rire avec l'administration écossaise !

En cortège avec les trois voitures, nous en profitons pour parcourir la région et chercher un endroit où nous pourrions prendre un repas après la cérémonie.

— Pas de problème, au village, il y a au moins trois restaurants, avait dit quelqu'un, attentif.

Mais, consternation, ils sont tous fermés le lundi ! Reste un self-pizza…

— Ce n'est pas grave, on achètera des pizzas et fera la fête à la maison, dis-je, conciliante.

— On ne va tout de même pas manger des pizzas pour ton mariage ! rétorque Claudine, qui veut que cela soit une vraie fête.

— Tu sais, ce n'est pas le plus important ! On va acheter du champagne, et cela fera passer la pizza.

Un peu refroidi à l'idée de se contenter de pizzas alors qu'il déteste ça, Jean, toujours au volant, nous montre, juste avant notre cottage, un petit château au milieu d'un parc, légèrement en retrait de la route.

— Et là, tu ne crois pas que ce sera ouvert demain ? C'est un hôtel. Ils ont sûrement un restaurant.

— Tu es fou, tu as vu le style ? Ça doit être exorbitant !

— Ça ne coûte rien d'aller voir et de demander.

Sur le chemin qui mène à l'entrée de la propriété, on croise quelques voitures de sport.

— Tu es complètement fou ! On ne pourra jamais se payer un resto pareil ! Tu as vu les bagnoles qui sortent d'ici ?

— Les nôtres sont très bien aussi ! dit-il avec l'atavisme qui caractérise les gens de son milieu.

Il n'y a pas grand-chose qui gêne Jean, et sûrement pas d'aller repérer des lieux et de s'informer des prix. Cela évite les mauvaises surprises, comme il dit !

En entrant dans le hall de ce manoir, j'ai tout à coup l'impression d'être projetée quelques siècles en arrière. J'y suis enfin, dans cette Écosse de contes et de légendes ! Aimable et serviable, l'hôtesse à qui nous expliquons notre situation se déclare ravie de nous offrir l'hospitalité pour notre repas de noces, à un prix tout à fait raisonnable. Nous rentrons, soulagés et heureux d'avoir trouvé un lieu aussi romantique.

CHAPITRE 27

Un jour ensoleillé se lève ce 25 septembre sur l'Écosse et sur ce coin de paradis où nous allons célébrer notre union. Tous très excités, nous déjeunons autour de la grande table en attribuant les tours de rôle pour la douche. Nous sommes tout de même seize à vouloir nous laver et nous parer de nos plus beaux atours pour l'occasion. À tout seigneur tout honneur, Jean et moi commençons la tournée. Je m'inquiète de la tiédeur de l'eau, mais ne dis rien ; le suivant, lui, émet un commentaire :

— Elle n'est pas très chaude !

Le quatrième :

— Elle est carrément froide !

Force nous est de constater que l'eau, si elle est abondante, est à présent glaciale. On cherche partout un boiler, un mode d'emploi, les plombs… Rien, *nothing* ! Pas le temps de tergiverser, tant pis pour l'eau chaude, on termine à l'eau froide. C'est le premier fou rire nerveux de la journée.

Mes sœurs partent à toute vitesse au village, en grand secret. Pas moyen de savoir ce qu'elles concoctent. Et pour cause ! Elles reviennent avec mon bouquet de mariée et de quoi perpétuer la tradition familiale qui veut qu'une mariée porte du bleu, du neuf et du vieux. Elles m'offrent une paire de boucles d'oreilles absolument kitch, mais neuve et bleue. Claire veut me donner une de ses bagues pour le « vieux », mais j'ai emmené avec moi le bracelet d'émaux de maman, et c'est celui-là que je veux porter.

Je suis bouleversée devant le joli bouquet que ma plus jeune sœur a fait faire, avec la fleur de chardon, emblème de l'Écosse. Parmi les roses blanches et les gypsophiles, le doux bleu des chardons ressort magnifiquement. Je suis heureuse de ce choix en hommage au pays qui nous accueille et sous les cieux duquel je m'unis pour le reste de mes jours à l'homme que j'aime depuis si longtemps. C'est tout mon rêve qui se concrétise dans la beauté de ce bouquet.

J'embrasse ma sœur, émue. Elle me dit :

— Je te rends ce que tu as fait pour moi !

— Je ne te comprends pas, dis-je, surprise.

— Tu ne te souviens pas que, le jour de mon mariage, Albert avait oublié le bouquet et que c'est toi qui es vite allée m'en faire faire un ?

— Non, j'avais tout à fait oublié.

Ce sont des choses qui ne s'oublient pas, je le sais maintenant !

La famille est prête et m'attend devant la maison. Mon portable n'arrête pas de recevoir des messages de Belgique. J'ai le trac. Personne n'a vu ma robe, sauf Jean et mon témoin. Au moment de mettre dans mes cheveux la couronne de fleurs assortie, je me souviens du jour où je suis partie avec Claudine à la recherche d'un couvre-chef pour l'occasion. Elle m'avait dit :

— Tu dois mettre un chapeau !

— Tu es folle, tu vois ma tête avec un chapeau ? Et puis, rien n'ira avec ma tenue.

— Si, je t'assure, il faut mettre quelque chose sur ta tête ! Je te l'offre !

Nous étions parties, bras dessus bras dessous, à Bruxelles, faire les magasins. Nous n'avions plus autant ri depuis des mois. Les vendeuses nous avaient prises pour des folles. Il faut dire que je n'ai pas du tout une tête à chapeau, tous ceux qu'elles me présentaient me tombaient sur les yeux ou sur le nez, vu ma petite taille et ma petite tête ! Nous étions finalement tombées sur une ravissante couronne de roses et de feuilles en tissu, dans les tons vert d'eau et blanc, exactement les couleurs de mon ensemble.

Au moment de paraître, avec un timide sourire et pas très sûre de moi, je fixe donc sur ma tête l'ultime élément qui finit ma toilette de mariée. Je vérifie que je n'ai rien oublié, papiers, mouchoirs, alliance, attrape mon bouquet et sors émue « comme une jeune mariée » pour admirer mon futur époux, lui aussi beau comme un prince russe dans sa tenue nuptiale, la poitrine barrée de la croix orthodoxe reçue du Patriarche de Roumanie. Il est magnifique, et je me sens comme une petite fille qui va épouser le prince charmant.

Mon fils Aurélien est là aussi et me prend dans ses bras. Il est beau dans ce costume acheté pour l'occasion. Il est beau, fier et ému. Il sait à quoi je pense quand il me serre contre lui. Il sait que je pense à Roman, aux petites. Il tente de me donner de l'assurance et de m'empêcher de pleurer.

On a décoré les voitures avec des fleurs en papier trouvées dans la serre au fond du jardin. Cela donne tout de suite un très bel air de cortège nuptial aux voitures qui s'élancent sur la route de Dumfries. Il fait beau, c'est pour moi le signe que le Ciel nous bénit ! C'est vrai, on aurait pu avoir la douche écossaise en cette saison.

Nous arrivons bien en avance. Dans le hall d'entrée de la « Municipal Chambers », les employés regardent, étonnés, cette noce francophone qui débarque en grande tenue. La première surprise passée, on nous conduit dans la salle des mariages. Nos rires se sont éteints, nous nous taisons, impressionnés par la beauté du lieu. Les murs de la salle sont recouverts de lambris de chêne, et face à nous s'étale une superbe collection de portraits anciens de femmes aux décolletés vertigineux, ce qui impressionne mon futur époux ! Au plafond, une magnifique coupole art-déco fait entrer la lumière abondante qui inonde les sièges des mariés. Des chaises et des tables sont réparties à gauche et à droite pour nos invités et pour nos témoins. Nous avançons à petits pas sur une épaisse moquette, sobre et moelleuse.

L'accueil est chaleureux. L'officier (une femme) qui va nous marier s'enquiert des derniers papiers et, surtout, curieuse, nous demande pourquoi nous avons choisi cette petite ville pour nous marier. À vrai dire, c'est tout à fait par hasard ! Nous avons choisi la ville la plus proche du lieu où nous avions trouvé à nous loger. Elle nous confirme que c'est la plus belle salle de mariage du nord de l'Écosse. Nous la croyons sans difficulté. Après un coup d'œil sur les documents, elle s'étonne, au vu de la profession de Jean inscrite sur ceux-ci, que nous ne puissions pas nous marier en Belgique. Nous lui expliquons que ce n'est pas interdit, mais que nous préférons éviter la médiatisation de notre mariage. Nous lui précisons également que le caméraman présent tourne un film sur notre histoire, qui sera diffusé sur la chaîne de télévision ARTE et qu'elle aura peut-être un jour l'occasion de voir. Sachant cela, elle s'empresse de faire payer une taxe à Manu ! N'oublions pas que nous sommes en Écosse…

Toujours souriante et prévenante, cet officier de l'état civil nous demande de patienter, car nous attendons l'interprète que nous avons sollicité. Si mon anglais est *fluently* pour demander mon chemin, me débrouiller dans un magasin ou engueuler le réceptionniste de l'agence de location de voitures, celui de Jean est nul, et nous aimerions comprendre ce qui va se dire. Bien nous en a pris…

Nous en avons pour une bonne demi-heure avant la cérémonie. Jean s'installe dans le fauteuil prévu pour le couple de mariés. Il ne quittera son siège qu'à l'arrivée de l'interprète et du Register Officer. En attendant, des rires fusent, nerveux, quand Thomas annonce qu'il va chercher les toilettes. Nos témoins respectifs sont en place. Seul Manu continue de filmer. Il capte tout : nos sourires, nos rires, nos questionnements, notre nervosité surtout, et l'air imperturbable de Jean qui demande qu'on arrête de s'agiter autour de lui. En regardant de près, je remarque, attendrie, une abeille qui dort dans mon bouquet ! Des petites ailes qui vont me porter chance…

L'interprète arrive enfin, suivi par l'officier qui a revêtu la tenue des grands jours. Le silence se fait dans la salle, tandis que Manu se fait aussi discret que possible. Elle nous fait lever. Après les présentations d'usage et l'accueil au nom de la commune, elle nous enjoint de nous prendre par la main droite et commence en demandant à l'interprète de traduire et de nous faire répéter :

— Moi Jean, Marie, Paul, Ghislain Schobbens...

Elle a du mal à prononcer ces noms. Jean répète et s'emberlificote dans la succession de ses prénoms. L'interprète commence à suer. Il comprend que ce ne sera pas évident d'autant que, malgré ses appareils, Jean n'entend pas bien.

— Moi, Jean, Marie Schobbens te prends, toi, Micheline…

Il hésite aussi sur mes prénoms, qu'on vient pourtant de lui souffler.

— Toi, Micheline, Claudine, Gwendoline Maca, pour ma légitime épouse. Dans la richesse et dans la pauvreté, dans la santé et dans la maladie, jusqu'à ce que la mort nous sépare.

C'est à mon tour. Presque sûre de mon anglais, je fais signe que je n'ai pas besoin de l'interprète pour déclarer :

— Moi, Micheline, Claudine, Gwendoline Maca, je te prends toi, Jean, Marie, Ghislain Schobbens pour légitime époux. Dans la richesse et dans la pauvreté, dans la santé et dans la maladie…

J'hésite un moment pour la traduction de ce qui suit. L'interprète m'aide et dit :

— Jusqu'à…

J'enchaîne, d'un trait, sans réfléchir :

— Jusqu'à ce que mort s'ensuive.

Fou rire dans l'assemblée ! Je me reprends.

— Sorry, jusqu'à ce que la mort nous sépare !

Cela a été si vite que ni l'interprète ni l'officier n'ont compris ma bévue ! Elle nous déclare mari et femme, et Jean, spontanément, applaudit ! Les appareils photos se remettent à mitrailler, on s'essuie les yeux, on s'embrasse. Je suis émue d'être congratulée par mon fils qui me glisse à l'oreille :

— Soyez heureux, maman !

C'est finalement très gai d'avoir ses enfants à son mariage ! Je me souviens d'une grand-tante qui, petite fille, feuilletant l'album de mariage de sa mère, lui avait dit :

— Je ne me vois pas sur les photos à votre mariage.

— Mais tu n'étais pas là ! avait répondu sa mère, étonnée par cette remarque.

— Vous êtes bien impolis de ne pas m'avoir invitée…

On devrait faire des enfants et se marier quand ils peuvent être nos témoins.

Le soleil nous attend toujours à la sortie, et nous remontons en voiture pour aller sabrer le champagne dans le romantique jardin de notre cottage écossais. Comme je suis déçue de ne pas avoir pu dire la formule consacrée « *I will!* » lors de la célébration officielle, puisque l'officier n'a pas demandé si je voulais épouser Jean, il me demande devant tous si je veux le prendre pour époux, pour avoir le plaisir de me l'entendre dire. C'est alors que Thomas, venant trinquer avec Jean, tape sur son épaule et dit bien haut, en regardant la caméra :

— Ça, c'est un curé qui a des couilles !

Nous avons tous manqué de nous étrangler ! C'est, bien entendu, une image et une parole que notre cinéaste bien-aimé n'a pas manqué de mettre dans son film !

L'après-midi étant bien avancée, les bouteilles de champagne consommées, nous décidons de nous mettre en route pour être au château avant la tombée de la nuit et profiter du magnifique parc pour faire des photos. C'est un moment de pure magie. Tout, autour de nous, contribue à faire de ce mariage un évènement extraordinaire. La beauté du lieu, la lumière du jour qui baisse, le parfum des fleurs, les arbres ancestraux et l'amour tangible de ma famille autour de moi, tout y est pour un bonheur presque parfait. Deux petites mains me manquent… Une image fugace sur laquelle je refuse de m'appesantir. Ce fut pour moi, pour Jean, pour tous, un mariage hors du temps, un vrai mariage de conte de fée.

CHAPITRE 28

Entre notre retour d'Écosse et la cérémonie spirituelle, nous avons huit jours devant nous pour les préparatifs de la fête. Logiquement, tout est prévu, tout est prêt. Chacun a reçu son poste et sait ce qu'il aura à faire. Nous pouvons, enfin seuls, détendus, profiter pleinement du cottage et des quelques jours que nous prenons en amoureux avant la célébration suivante.

À notre retour, nous trouvons une lettre de l'ami prêtre qui doit être témoin de notre engagement. Devant la médiatisation de notre mariage, il se désiste. Trop de caméras, de journalistes et surtout trop de questions de la part de sa hiérarchie ! P... a peur parce qu'il vit la même chose que nous, mais veut garder son poste très en vue. Il a la trouille à l'idée qu'on ne révèle au grand jour sa relation. Il nous explique que si notre choix est de sortir du silence, lui et sa compagne souhaitent y rester. Nous ne savons pas encore, ni lui non plus d'ailleurs, que six années plus tard, il sera prié par le nouvel évêque, notre cher Monseigneur L..., de choisir entre ses fonctions à la cathédrale et sa compagne. Son désistement n'a rien d'incompréhensible pour nous, mais ce qui l'est plus, c'est le vent de panique qui souffle soudainement, alors que nous avions été clairs sur la présence de chaînes de télévision à la célébration.

Le premier moment de stupeur passé, nous en rions. Pour nous, c'est encore un signe !

Après tout, comme dit ma sœur :

— Pourquoi veux-tu un prêtre pour te marier alors que tu en épouses un ?

Logique ! Nous nous sentons tout à fait capables de gérer notre mariage nous-mêmes, mais c'est plus facile quand quelqu'un d'autre orchestre la chose. Le premier sentiment de panique disparaît au fur et à mesure que nous revoyons ensemble le déroulement du programme.

Puis, le mercredi qui précède le jour J, tout en massant les pieds d'un patient et en lui racontant le hic de dernière minute, il me dit :

— Tu sais, si tu veux, j'ai un excellent ami prêtre, je peux lui demander de vous aider.

— C'est gentil, mais tu sais, après tout, en a-t-on vraiment besoin ?

— Mais c'est un moment tellement important ! Vous n'allez pas tout faire vous-mêmes ?

— Mais si ! Tu sais, Jean a fait des centaines et des centaines de mariages, tu penses, le nôtre n'en sera que plus personnel !

— Allez, laisse-moi demander à Jean-François, je crois que cela lui fera même plaisir. Il n'est vraiment pas comme les autres.

— OK, mais dis-lui bien que nous ne sommes pas demandeurs. S'il a vraiment envie de le faire parce qu'il soutient notre démarche, alors pourquoi pas ?

La rencontre a lieu la veille de notre mariage. Il n'a qu'à se glisser dans le déroulement de la célébration que nous avons longuement préparée et y ajouter son petit grain de sel… Il le fait avec une véritable sincérité.

Ce matin du 7 octobre, le ciel est chargé de nuages… Or, nous avons décidé depuis le début que le jour où nous nous marierions, ce serait sous les deux grands chênes solitaires au milieu d'un champ près de chez nous. La symbolique de ces deux troncs, grandissant l'un à côté de l'autre, nous parle profondément. Un grand, un petit. Un vieux, un jeune, s'épanouissant l'un près de l'autre, sans se faire de l'ombre, chacun à son rythme, les bras tendus vers le ciel pour accueillir tous les oiseaux de la terre. C'est là, pour nous, le seul endroit où nous voulons nous engager l'un envers l'autre.

Il ne peut absolument pas pleuvoir ! Mettre deux cents personnes en pleine nature au mois d'octobre est une gageure ! Le Ciel ne peut pas nous abandonner… Nous avons bien l'intention de pousser les portes de l'église en cas de trombes d'eau, mais n'en n'avons pas du tout envie. Cela ne serait qu'en cas de force majeure, sachant quel genre de foudre nous tomberait sur la tête quand le doyen l'apprendrait ! Car ici, la délation étant encore de rigueur et encouragée, il y aura toujours une bonne langue pour nous dénoncer.

Regardant les nuages gris qui s'amoncellent au-dessus de nos têtes, je pense à maman et prie :

— Maman, je t'en prie, fais quelque chose de là où tu es ! Puisque tu voulais assister à mon mariage, tu es à la première place là-haut ! Toi qui, de ton souffle puissant, as bercé notre jeunesse de vocalises, emploie-le pour chasser ces nuages !

Comme par enchantement, au moment où le cortège s'engage sur le chemin qui mène aux arbres, un vent terrible se met à souffler. En quelques minutes, les nuages sont chassés, et le ciel, miraculeusement, devient tout bleu ! Chacun voit dans ce signe ce qu'il veut y comprendre…

En arrivant sous l'arbre, j'ai le tout grand bonheur de voir courir vers moi mes petites puces… dans leurs belles petites robes ! Je remercie Nathalie d'avoir pris sur elle de venir avec les filles. Roman, quant à lui, me refuse obstinément sa présence. Jean-François nous attend lui aussi sous l'arbre, sans aube, sans étole, contrairement à ce qu'il avait annoncé. Il nous dit, un peu ennuyé :

— J'ai téléphoné, par politesse, à ton doyen puisque je suis dans sa juridiction, pour lui signaler ma présence à vos côtés. Il m'a dit qu'il ne pouvait pas s'y opposer, mais qu'il m'interdisait le moindre signe distinctif de ma fonction. Pas d'aube, pas d'étole, pas de signe de croix, pas de bénédiction ! Il m'a aussi interdit toute déclaration devant les caméras et la presse. Je suis désolé !

— Ne t'inquiète pas, dis-je, dépassée par la mesquinerie du clergé catholique, ce n'est pas le plus important. Tu es là, merci pour ton courage.

Cher petit doyen, tu ne peux même pas imaginer que nous sommes déjà à mille lieues de ce petit signe de croix que tu nous refuses !

Les invités arrivent au compte-goutte, emmitouflés dans des écharpes, des châles, des manteaux car, si le soleil est bien resplendissant, le vent, lui, souffle toujours ardemment. Nous attendons le groupe de musiciens manouches qui doit animer la célébration. L'heure moins cinq, ils arrivent, essoufflés ; leur camion est tombé en panne au moment de partir !

Heureusement, Dominique, avec sa flûte, et Isaline avec sa contrebasse ont déjà commencé à créer une ambiance propice au recueillement. Moi, j'ai Luna dans les bras, chacune notre bouquet à la main, et nous savourons ce moment, conscientes l'une et l'autre qu'il nous est vital. Nathalie est partie mettre Sarah à l'abri du vent dans la voiture.

Les musiciens jouent, les caméras filment, le vent souffle, les appareils photo crépitent, et Jean, souverain, accueille les invités. Il m'en présente certains que je n'ai jamais vus ou pas reconnus ! Je plane, ivre de vent et de bonheur, vivant pour la seconde fois un rêve éveillé. L'émotion devient palpable au moment où la prière prend place au milieu de nous. Les lectures, les témoignages, l'homélie de Jean-François, qui commence par ces mots : « *J'ai peur, oui, j'ai peur moi aussi d'être ici à visage découvert, mais la peur n'a jamais fait avancer personne !* », et toutes ces présences chaleureuses autour de nous sacralisent notre amour en cet instant magique.

Puis, comme un point d'orgue sur la partition de nos vies, les yeux dans les yeux, vient l'engagement, la promesse que nous nous faisons l'un à l'autre. Nous ne nous sommes pas montré nos textes respectifs. Dans l'émotion du moment, je ne comprends ni ne retiens rien de ce qu'il dit ! Heureusement, quelques jours plus tard, j'ai retrouvé son brouillon chiffonné dans sa poche. Voici ce qu'il me disait :

— En présence de mon confrère Jean-François, qui représente ici l'institution à laquelle j'ai consacré quarante-cinq ans de ma vie avec bonheur, en présence de tous ici, que j'ose appeler mes amis, Mimiche, sur mon honneur et avec la grâce de Dieu, je m'engage à te chérir jusqu'à ce que la mort nous sépare, car tu es le visage que Dieu donne à son amour pour moi. Ce qu'un moment j'ai cru être une rupture s'est mystérieusement transfiguré en continuité.

A-t-il, dans l'émotion du moment, compris et retenu la promesse et l'engagement que je prenais vis-à-vis de lui ?

— T'aimer, Jean, c'est te regarder dans les yeux, chaque jour, et savoir que, quoi qu'il arrive, je pourrai toujours te faire confiance.

T'aimer, c'est marcher à tes côtés en regardant dans la même direction, poursuivre le même objectif et atteindre le même but.

T'aimer, c'est respecter ton passé, ton caractère indépendant et ta personnalité de rebelle.

T'aimer, c'est veiller fidèlement à ton bien-être, c'est vieillir avec toi, comme ces arbres, les bras tendus vers les autres et la tête tournée vers le ciel.

T'aimer, c'est partager tes rêves, tes projets, tes doutes, tes joies et tes peines.

T'aimer, c'est rendre grâce chaque matin pour la vie que nous avons reçue et que nous partageons avec tant de complicité et de bonheur.

Pour marquer cet engagement, je glisse à ton doigt cet anneau, signe d'alliance entre toi, moi et le Père.

Personne à cet instant n'aurait pu nier la présence de Dieu et de son Esprit. La puissance de ce geste qui me lie à lui n'a d'égale que la force de l'amour qui circule à ce moment dans l'assemblée. Comme cela se pratique lors de la cérémonie de mariage chez les juifs, c'est le père qui impose les mains sur les mariés, et c'est ce geste, hautement symbolique depuis la nuit des temps, que nous avons demandé à toute l'assemblée. Mon père, mes sœurs, mon fils, mes nièces, toute la famille, tous les amis, d'un seul élan, ont imposé les mains sur nos têtes pendant le *Notre Père*. Pauvre, pauvre petit esprit qui, dans son presbytère, croyait nous punir… Jamais aucune bénédiction n'a eu un tel impact sur nos cœurs et dans nos vies !

Ensuite, Jean et moi avons béni le pain rompu le matin et l'avons partagé avec tous ceux qui le voulaient, mettant chacun dans ce symbole une signification personnelle. Dans la paix et la joie, nous clôturons ce jour par la réception avec les amis, le dîner et la soirée avec les plus proches, ne pouvant élargir les murs de la salle aux deux cents personnes qui ont fait le déplacement. Quelques courageux dans la famille de Jean prennent le risque (et il est réel) de se faire mal voir par le clan en assistant à cet événement. Leur présence me met du baume au cœur, car aucun être humain ne vit de gaîté de cœur le rejet et la suspicion de toute une belle-famille.

Nous avions demandé sur notre faire-part de ne pas faire de cadeau, mais d'apporter une plante qui, unie à toutes les autres, constituerait le parterre de notre mariage. Nous n'imaginions pas la quantité que cela représenterait! Dès le lendemain, je me mets à l'ouvrage. Le parterre imaginé étant vraiment trop petit pour accueillir les plantations, il me faut tracer un grand cercle au milieu du jardin et retourner, pendant des jours et des jours, une terre argileuse encombrée de cailloux. Le résultat en vaut la peine. Aujourd'hui, une centaine de plantes grandissent avec, au pied de chacune, une ardoise qui porte son nom et celui de son donateur. À chaque fois que j'entre dans ce cercle « magique » et que j'y travaille, je ressens le même élan d'amour que celui du jour de notre mariage, la même chaleur, la même plénitude, le sentiment d'avoir fait le choix juste.

CHAPITRE 29

Jean a pris son bâton de pèlerin et est parti à la recherche d'une église où il sera accepté comme prêtre marié. Il n'a aucune inquiétude, car il vient de découvrir qu'il existe 243 Églises du Christ à travers le monde ! Toutes descendent en droite ligne des apôtres et, dans presque toutes, le clergé est marié. L'Église catholique romaine est la seule à exiger le célibat de ses prêtres. Si elle se revendique de l'apôtre Pierre et s'accorde la préséance sur les autres Églises, elle passe sous silence l'authenticité de leur succession apostolique et omet même de signaler leur existence dans les cours de ses séminaristes.

Pour Jean, c'est cette succession apostolique qui est importante dans sa recherche. Il a besoin, dans les premiers balbutiements de sa quête, de se relier à cette descendance. Il n'a pas grande difficulté à entrer en contact avec l'évêque d'une de ces petites Églises dans le Brabant Wallon. Dès le premier entretien téléphonique, cet homme accepte la candidature de Jean avec un certain enthousiasme. Il nous invite à lui rendre visite ensemble ! C'est bien la première fois que je suis invitée par un évêque ! La démarche est nouvelle pour nous qui, malgré que nous soyons détachés du carcan romain, avons encore un peu de mal à imaginer qu'il existe d'autres voies que celle tracée par nos éducations religieuses.

Je l'accompagne à ce premier rendez-vous avec l'évêque V... Je m'attendais à retrouver un peu du faste dont s'entoure notre hiérarchie romaine. J'avoue être un peu déçue par l'homme qui nous reçoit et par le bureau dans lequel il nous accueille. Tout est en demi-teinte, poussiéreux, voire minable... Je m'étonne de voir s'étaler sur les murs quantité de diplômes concernant tous des formations paramédicales. Rien sur la théologie...

Je l'observe, assis derrière son bureau, expliquant à grands renforts de gestes grandiloquents et avec une certaine emphase l'étendue de ses connaissances. Je le sens mal à l'aise malgré l'image qu'il veut donner d'un homme bien dans sa peau et dans sa fonction. Pour moi, d'entrée de jeu, il lui manque les qualités essentielles pour être un bon pasteur : charisme et envergure. J'éprouve de la méfiance quand il parle d'exorcisme, arguant que c'est une partie importante de son activité ; il sous-entend la plus lucrative ! Nous n'osons pas demander qui le rémunère, ni de quoi il vit, lui et sa famille nombreuse ! Néanmoins, son accueil est très cordial, et il accepte Jean comme prêtre dans son église les bras ouverts. Je m'étonne qu'il ne prenne pas le temps de mieux nous connaître avant de s'engager vis-à-vis de Jean. Tout ça va vite, bien trop vite !

Il nous invite à déjeuner... au Lunch Garden ! La simplicité de son invitation doit être égale à celle de ses finances, mais ce n'est pas ce qui me dérange le plus : je suis surtout surprise quand il nous demande si nous voyons une objection à ce qu'il mette tous les repas sur sa carte de fidélité. Je le trouve médiocre. À table, il parle beaucoup de lui. Beaucoup trop ! Quand, sur le chemin du retour (fait à pied), il manque le trottoir et s'étale de tout son long dans la rue, je me dis : « *Mais c'est quoi ça pour un évêque ?* » Je n'accrochais pas avec lui, et l'avenir allait me donner raison.

Jean, tout à la joie d'être accepté comme prêtre et d'avoir ainsi l'opportunité de continuer son sacerdoce, ne perçoit rien de tout ce qui me dérange chez cet homme. Il ne voit qu'une chose : il peut célébrer dans la petite chapelle que nous avons aménagée dans la maison et assurer la validité de son sacerdoce auprès des membres de la petite communauté qui s'est formée autour de nous suite à notre mariage.

C'est peu après cette entrevue que nous rencontrons Pierre-Marie et Danièle. Il est toujours prêtre dans l'Église latine mais, très amoureux de Danièle, il souhaite quitter ses fonctions pour vivre au grand jour avec elle. Il s'apprêtait à rejoindre l'Église orthodoxe quand il avait vu le film de Manu à la télévision. Dans un passage du film, on voit l'entretien que nous avions eu avec l'évêque V…, car Manu, caméra au poing, nous y avait suivis ! Notre parcours l'avait interpellé, et il avait contacté Manu pour avoir nos coordonnées. D'emblée, ils nous plurent et devinrent d'excellents amis.

À sa demande, Jean le présenta à l'évêque, et Pierre-Marie reçut le même accueil enthousiaste. Nos deux nouveaux amis allèrent de concert durant plusieurs mois, heureux et complices, jusqu'au jour où ils se rendirent compte que quelque chose ne tournait pas rond avec leur supérieur. Ils n'avaient pour ainsi dire plus aucun contact avec lui, qui marquait peu d'intérêt pour ce qu'ils faisaient chacun dans leur coin.

Pierre-Marie épousait Danièle civilement et religieusement. Il avait demandé à Jean d'être son témoin et de concélébrer avec l'évêque lors de leurs noces dans la petite église du village. J'avoue avoir été très émue par ce mariage d'un prêtre par un autre prêtre marié, avec l'absolution de l'évêque ! Mais quel évêque ? Sans l'appui de Jean, jamais il ne s'en serait sorti avec la liturgie. J'assistais, inquiète, à ce qui ressemblait à une mascarade. Je pressentais que cet homme n'était pas ce qu'il prétendait être.

Il fallut peu de temps pour le démasquer. S'il avait bien été ordonné évêque par un successeur des apôtres, il n'en était pas moins un escroc, un être malveillant, un fieffé malandrin ! Pourtant, à l'heure actuelle, condamné par la justice pour extorsion de fonds, il continue ses abus de pouvoir sur des êtres fragilisés par la vie.

Heureusement, Jean et Pierre-Marie, qui avaient renoncés depuis un certain temps à s'impliquer dans cette Église, reprenaient avec courage leur bâton de pèlerin, cherchant dans la multitude d'Églises existantes celle où ils trouveraient la juste place.

CHAPITRE 30

Pendant ce temps, la vie continue. Je n'ai toujours pas revu mon fils aîné. Je souffre de cette rupture, même si un lien persiste entre ma belle-fille et moi. Je la vois, elle, ainsi que mes petites-filles, mais Benjamin refuse tout contact. De guerre lasse, j'appelle ma mère au secours pour qu'elle continue à accomplir des miracles. Comme chaque fois que je me rends au cimetière, je m'assieds sur le bord de sa tombe pour parler avec elle. Ce jour-là, je pleure la rupture qui m'éloigne de mon fils et lui demande de l'aide. Elle et moi avons tellement souffert du manque de dialogue et de tolérance l'une vis-à-vis de l'autre que je ne peux pas imaginer, si elle me voit de là-haut, qu'elle ne fasse rien pour me soutenir. Il faut qu'elle m'aide à trouver la voie qui mène au cœur de mon fils, le moyen de reprendre contact, de trouver les mots qui le toucheront. Je la supplie d'ouvrir mes yeux et de me conduire pour que je ne reproduise pas les mêmes erreurs avec mon fils que celles qu'elle avait commises avec moi.

Tout en essuyant les larmes sur mes joues, je quitte le cimetière, découragée, quand, comme une illumination, une idée me vient, soufflée indiscutablement de là-haut ! Le cadeau que j'ai acheté pour l'anniversaire de Roman est depuis des mois dans le hall d'entrée. Comme je n'avais pas pu le lui donner, je m'étais juré de le brûler… Je n'en n'avais heureusement rien fait. C'est un joli dragon chinois (souvenir de notre séjour à Hong-Kong) en bois sculpté, qui crache de la fumée par la gueule quand on y brûle un bâton d'encens. Je me décide à le lui envoyer par le biais de Luna qui vient justement cet après-midi-là. J'y joins une petite carte avec une colombe portant un rameau d'olivier et écris : « *Je voudrais fumer avec toi le calumet de la paix* ». Je remets le paquet bien emballé à Luna quelques heures plus tard, la chargeant de le remettre à son papa.

Elle fut pour moi une messagère de paix puisque, la nuit même, il me répondit par un message sur mon portable : « *Rattrape le temps perdu avec tes petites-filles !* » Ce à quoi je m'étais empressée de répondre : « *Le temps perdu ne se rattrape jamais, il ne sert qu'à ne pas gâcher le temps présent !* » Depuis, nos relations ont repris doucement, fragiles certes, mais nous nous apprivoisons, refaisons connaissance, réapprenons à nous faire confiance et à respecter la souffrance de l'un et de l'autre. Aucun mot ne s'échange à propos de cette rupture, et c'est la raison pour laquelle j'écris cette histoire. Pour lui, d'abord et avant tout pour lui, pour qu'il sache combien je l'aime et que j'ai compris, autant que faire se peut, sa souffrance d'enfant. Cette souffrance d'enfant qui rejaillit une dernière fois dans ma propre souffrance et dans celle de mes aïeux avec l'arrivée dans notre vie de Virginie.

CHAPITRE 31

Virginie. Si un salaud n'avait pas abusé d'elle, elle aurait été vierge dans les bras d'Aurélien.

Visage de vierge, sourire de vierge, douceur de vierge, elle vient vers moi avec sa douleur de vierge violée.

Dès la première rencontre, elle m'émeut, me bouleverse, me touche en plein cœur. Aurélien m'a bien raconté son histoire, mais tout l'amour, la tendresse, la délicatesse qu'il lui témoigne n'arrive pas à la sortir du silence. C'est pourquoi il nous demande, à Jean et à moi, de la rencontrer et de l'aider à parler de ce qui lui est arrivé.

Depuis un an, elle vit avec ce drame enfoui en elle, sans avoir parlé à qui que ce soit de sa blessure. Par peur, par honte, par souci de ne pas blesser ses parents, elle s'est tue, jusqu'à ce qu'elle rencontre Aurélien. Un soir, découragé par le poids de ce mutisme sur ses épaules, il nous la confie. Je la revois, assise au bord du canapé, timide, ne sachant comment aborder le sujet, et pourtant courageuse, car il en faut du courage pour rencontrer des gens qu'elle ne connaît pas, parler d'elle, raconter à des étrangers ce qu'elle n'a pas pu dire à ses proches.

Elle commence par parler d'autre chose, d'une secte qui l'a abordée, la sentant fragile. Elle a les yeux d'un animal traqué pendant qu'elle l'explique. Elle finit par demander avec hésitation et d'une toute petite voix :

— Aurélien vous a dit que j'avais été…

Elle s'arrête, hésite, elle ne trouve pas le terme à employer, on sent que c'est trop dur à prononcer. Je dis d'une voix rassurante :

— Oui, Aurélien nous a dit que tu avais été agressée.

Devant l'attention que nous lui portons, elle trouve enfin les mots pour raconter. Sa gorge est nouée. Je vois qu'elle retient ses larmes, qu'elle a du mal à parler. Pour la première fois depuis une longue année, elle met des mots sur quelque chose qu'elle a essayé d'enfouir en elle. Et là, au coin du feu, elle nous raconte ce qu'elle a envie de nous confier. Nous émouvant, Jean et moi, non seulement par l'horreur de ce qu'elle a subi, mais par cette douleur qui perce derrière chaque intonation, chaque flexion de voix, par l'humidité qui perle au bord de ses cils, par la solitude dans laquelle elle a choisi de s'enfermer et le silence dans lequel elle s'est emmurée.

Elle ne sait pas, et moi non plus, que chaque mot va s'infiltrer dans mon inconscient et dans chacune de mes cellules, m'amenant, lentement mais sûrement, sur le chemin de ma propre guérison. Elle me confie son cœur et accepte de me confier aussi ses pieds ! À longueur de massage, elle se libère. Elle rit, enfin ! D'abord timidement. Son sourire, grâce à ma patience et à ma compassion, se fait plus franc. Elle ne sourit plus seulement de l'intérieur. La vie revient dans son regard. Elle regarde mon fils avec des yeux étonnants, et moi, je l'observe regarder mon fils avec espoir…

À chaque fois que je la rencontre, je tente de la convaincre de parler à ses parents, à sa jumelle, à son frère ou à sa sœur. Il faut qu'elle parvienne à se libérer, à sortir du silence pour aller de l'avant, mais elle bloque sur ce sujet. Je passe de longues heures à parler avec elle, Aurélien aussi. Nous l'accueillons à la maison comme une fille, et Aurélien, lui, est accueilli comme un fils chez ses parents à elle. Ils ne savent rien du drame qu'elle vit, et mon fils accepte mal de leur mentir, mais il lui a promis de se taire.

Je l'ai aimée au premier regard, à la première minute de notre rencontre, de tout mon cœur (et je l'aime toujours!) Elle a conquis nos cœurs sans avoir rien fait d'autre que nous ouvrir le sien. Elle a pris une telle place dans notre vie, si vite et si fort, que j'en suis surprise moi-même. Elle dort parfois chez nous le week-end, et j'ai toujours le même étonnement de la voir à la table de la salle à manger, aux petites heures du matin, en train d'étudier, alors qu'Aurélien rêve sûrement qu'il la serre encore dans ses bras.

Elle aime que je la masse. Elle s'abandonne doucement, en confiance. Si elle admet qu'un jour, elle devra parler à ses parents, elle veut que ce soit quand elle le décidera, ce que nous respectons, jusqu'au jour où je la trouve en larmes dans les bras d'Aurélien. Il m'avait avoué, quelques jours plus tôt, que ça devenait dur pour lui de porter son histoire, qu'elle refusait d'en parler à un autre, mais que c'était trop lourd pour lui. Je pense que ce dimanche-là, il venait de lui dire qu'ils ne pouvaient pas continuer comme ça. En la regardant pleurer sans un mot, mon cœur est déchiré. Je lui dis :

— Mais parle, fais quelque chose. Fais-toi aider ! Tu vas faire une déprime à rester avec ce poids dans ta vie.

Elle repart, silencieuse, pour son kot, et moi, malheureuse, impuissante, je me tourne vers le Ciel pour demander de l'aide. La communication passe bien… L'aide demandée m'est accordée dès le lendemain matin. Si je n'avais pas déjà été fortement convaincue qu'il y a quelqu'un qui entend et répond aux prières, ce jour-là je l'aurais été !

Premier coup de fil de la matinée.

— C'est la maman de Virginie.

Je ne la connais pas. C'est la première fois que je l'ai au téléphone.

— J'aimerais avoir un rendez-vous pour me faire masser les pieds. Virginie m'a dit que cela fait tellement de bien !

Je suis ébranlée. Pourquoi justement aujourd'hui ? Je suis sûre qu'on me montre un chemin. Je lui fixe rendez-vous dans la semaine, à la fois soulagée et inquiète. Quand Aurélien rentre de l'école, je lui dis :

— La maman de Virginie m'a téléphoné.

— Ah bon ! Qu'est-ce qu'elle voulait ?

— Un massage. Elle vient mercredi.

— C'est chouette, répond-il. Ça lui fera du bien.

— Aurélien, crois-tu vraiment qu'elle téléphone par hasard ? Tu ne crois pas qu'une mère sent quand son enfant ne va pas bien ? Elle se doute que tu sais pourquoi Virginie est étrange et, comme je la masse régulièrement, elle doit penser que je suis au courant de quelque chose. Elle vient pour essayer de comprendre pourquoi sa fille ne va pas bien.

— Qu'est-ce que tu vas faire ?

— Écoute, je vais téléphoner à Virginie pour lui dire que sa mère vient mercredi et que je ne suis pas sûre que je tiendrai ta promesse.

— Maman, on a promis de ne rien dire ! me rappelle-t-il, fâché.

— Aurélien, ça suffit ! Pour moi, Virginie est en danger. Si on ne fait rien pour la sortir de son silence, c'est comme si on lui tenait la tête sous l'eau. Cela fait maintenant plusieurs mois qu'on essaye de la persuader de parler. Elle ne va pas bien, tu le sais aussi bien que moi, alors le fait que sa mère appelle maintenant, c'est pour moi un signe évident qu'il faut agir.

— Bon d'accord, mais ce n'est pas à toi de parler, c'est moi qui vais le faire !

J'avoue que j'admire son courage. Sa relation exceptionnelle avec le papa et la maman, la confiance qu'ils ont en lui font que, malgré sa crainte de leur faire mal, il ose débarquer chez eux le soir-même et, avec un maximum de tact, leur avouer la raison pour laquelle Virginie est si mal dans sa peau. Je ne suis pas là pour l'aider, mais je lui fais confiance. Son « quali » aux scouts étant « Peace & Love », il est capable de mener à bien une démarche aussi délicate. L'effondrement des parents est sans doute plus difficile à gérer. J'ai bien insisté pour qu'Aurélien leur explique que le silence de Virginie n'est pas une exclusion, mais une protection, et qu'elle ne supporterait pas qu'on s'apitoie sur son sort.

Dès le lendemain, je reçois la maman pour son massage qui tombe bien à pic... Elle tient dans les bras un énorme bouquet de fleurs. Preuve magnifique que l'amour de ces parents est au-dessus de leur propre souffrance et que seule compte l'aide qu'ensemble nous pouvons donner à leur fille.

Cette histoire est terriblement importante et, si je la raconte, c'est parce que c'est elle qui amène au dénouement de la mienne.

Les parents mis au courant, il faut avouer à Virginie que nous leur en avons parlé. Encore une fois, c'est pendant un massage que j'ose le lui dire avec beaucoup de douceur. Aurélien nous a rejointes, il veut être tout près d'elle. Elle est donc bien entourée, et nous mettons nos plus longs gants pour lui révéler la vérité. Ce n'était pas vraiment nécessaire ; elle s'en doutait, mais est soulagée et avoue qu'au fond d'elle-même, c'est ce qu'elle souhaitait. Cela aurait sans doute été plus simple pour nous si elle nous l'avait dit plus tôt !

J'ai fait fi de tout ce que j'avais appris théoriquement dans mes cours sur le respect du silence demandé par un patient et je n'en ai aucun regret ! Le cœur est parfois plus psychologue que la raison et que la théorie… Mais il reste pour moi un problème à régler. Je suis inquiète au sujet des messages transmis dans ses cellules par ce viol et des séquelles qu'ils pourraient y laisser. Je sais que si elle n'entame aucune démarche thérapeutique pour évacuer ses peurs, sa honte, sa culpabilité, elle risque, à son tour, de les transmettre à l'enfant qu'un jour elle portera.

Depuis plusieurs années, j'effectue régulièrement un travail de « nettoyage » sur la répétition des comportements développés soit par la transmission génétique, soit par les circonstances de la vie, soit par ce que déchargeaient sur moi mes patients lors de massages. C'est Francis, ostéopathe et étiopathe, qui m'accompagne dans ce travail. Il s'agit d'une prise de conscience de ce que je ressens par rapport à des souffrances anciennes, transmises par les générations précédentes que, seule, ma mémoire cellulaire a enregistrées et qu'il me faut évacuer. Je ne vais pas ici en faire l'apologie. À chacun ses croyances, et je ne veux convaincre personne de l'efficacité de ce travail fait sur soi. Virginie, par contre, n'émet aucune objection lorsque je lui propose de m'accompagner, d'autant plus que Francis est un thérapeute et professeur renommé.

Ce jour-là est très important pour nous deux. Elle passe en consultation avant moi. Je lui ai laissé le choix, pour ne pas influencer Francis. En général, la séance dure entre quinze et vingt-cinq minutes. Je suis extrêmement surprise en la voyant apparaître au bout de dix minutes, se tenant la tête à deux mains, mais le sourire aux lèvres.

— Je ne sais pas ce qu'il m'a fait, dit-elle en riant, mais j'ai la tête légère, légère !

Rassurée sur l'efficacité du traitement qu'elle vient d'avoir, j'entre à mon tour, détendue, dans le cabinet de Francis qui m'accueille avec sa gentillesse habituelle. Nous nous connaissons depuis plusieurs années, et une grande confiance ainsi qu'un profond respect se sont installés entre nous. À travers des événements pénibles, comme ma séparation, ma relation clandestine ou le rejet de la famille de Jean, il m'a aidée à trouver en moi les chemins qui mènent à l'auto-guérison. Nous avons, ensemble, effacé au fil du temps, les traces d'émotions, les miennes et celles des autres mal digérées et, grâce à cela, j'ai pu mettre un pas devant l'autre pour arriver aujourd'hui à me regarder de l'intérieur, à me pardonner et à m'aimer.

En m'installant sur sa table, je soulève le problème de psoriasis au coude apparu au moment du décès de maman et pour lequel je n'ai encore trouvé aucune réponse ni guérison malgré une longue introspection. J'ai besoin de son aide. Il me parle immédiatement de peurs ancestrales en voyant les plaies. Il me demande comment j'ai rencontré Virginie. Je lui raconte à quel point son histoire m'a touchée et l'étrange écho qu'elle éveille en moi. Il me dit, tout en travaillant sur moi :

— Cela n'a rien d'étonnant que tu te sentes aussi interpellée… Quelqu'un dans votre lignée a connu la même chose !

Je reçois cette affirmation comme un coup porté à mon plexus. Ma respiration s'arrête brusquement et reste suspendue quelques secondes, le temps que mon esprit se connecte entre ce qu'il vient de me dire et ce que je ressens au plus profond de mon être. Je sens mon pouls qui s'accélère, mon cœur cogner dans ma poitrine, une bouffée de chaleur m'envahir et mes tempes battre violemment.

— Mon Dieu, dis-je, c'était donc ça ?

— Ça te parle ?

— Oui, oui, je sais de qui tu parles. Enfin, mon Dieu, enfin, je sais ! Depuis le temps que tout le monde cherche !

— Vous cherchiez quoi ? demande-t-il, intrigué.

— La raison pour laquelle mon ancêtre a abandonné mon arrière-arrière-grand-père ! Cela fait des années que je cherche à comprendre son geste. Des tas de légendes circulent depuis des générations sur ce mystère, mais rien de tout ce que j'ai pu supposer n'a trouvé un écho en moi. Je sentais que ce n'était ni l'argent, ni l'adultère, ni l'inceste.

— Non, me dit-il, il ne s'agit effectivement pas de tout ce que tu viens d'énumérer, il s'agit bien d'un viol !

— Mais comment en es-tu si sûr? dis-je, étonnée malgré tout.

— Le pouls ne ment pas. Ta mémoire cellulaire reconnaît une situation semblable, un stress déjà vécu et transmis. Mais ce n'est peut-être pas cette personne- là. C'est peut-être quelqu'un d'autre.

— Non, dis-je, non, je le sens, c'est elle. Il y a trop longtemps que cette histoire remue en moi, et cela se recoupe parfaitement avec des tas d'autres choses.

Pour la première fois, je lui raconte mes troubles et mes réactions incontrôlables lorsqu'un enfant confié à ma garde pleure. Tout, je lui raconte tout, et tout au long de l'histoire, je sens battre mes tempes et cogner mon cœur davantage. Je conclus :

— C'est bien de cette ancêtre qu'il s'agit. Elle m'habite depuis des années. Elle occupe mes pensées, je la sens présente et envahissante, comme un fantôme ! C'est moi qu'elle a choisie pour décoder son histoire. Mais pourquoi moi ?

— Il faut la laisser partir maintenant. Virginie est venue sur ton chemin, et cela n'a rien d'étonnant, ton histoire et la sienne sont liées. C'est pour cela que votre relation est si forte. Elle va guérir et toi aussi, me dit-il, confiant.

La séance terminée, je descends rejoindre Virginie dans la salle d'attente. Je la prends dans mes bras et lui explique ce qui vient d'arriver. Elle ne semble pas étonnée. Nous rentrons, émues l'une et l'autre par ce que nous venons de vivre. Comment faire partager cela autour de nous ? Difficile d'expliquer ce genre d'expérience, même à Jean qui, depuis des années, suit mon cheminement d'un œil parfois interrogateur ! Il avoue qu'il ne comprend pas tout, mais il m'encourage à me trouver.

Une fois rentrée à la maison, je monte dans mon bureau pour relater, tant que c'est frais, dans le journal de Luna et Sarah, cette découverte importante pour notre famille. Je leur raconte, à travers leur histoire et la mienne, tout ce qui pourra les aider, un jour, à comprendre qui elles sont et d'où elles viennent. J'ai à peine pris le stylo que je me sens parcourue de frissons ; instinctivement, je ferme les yeux et la sens soudain derrière moi, son souffle dans mon cou, comme à l'instant où j'écris ces lignes. Sans que rien ne le laisse présager, j'éclate en sanglots profonds, si profonds qu'ils ne peuvent venir que de loin et d'ailleurs. Ils viennent du tréfonds d'un passé ancestral, d'autre part, de quelqu'un d'autre. Je sais, je sens que c'est elle qui pleure en moi, avec moi. Elle pleure sa souffrance et sa délivrance, sa honte et son soulagement, sa culpabilité et ses regrets. Et son amour, cet amour qu'on lui a arraché. À travers la mort, à travers le temps, elle l'a porté jusqu'à ce qu'une descendante l'entende et la délivre. Je ressens cela comme si elle le revivait à travers moi, et c'est exactement ce que je ressens devant la douleur de Virginie.

Nous pleurons ensemble, elle et moi, enfin reliées par ce fil invisible mais si tangible qu'il devient réalité. C'est un intense moment de bonheur que ce moment de retrouvailles. Je lui parle, elle me répond. Je ne me sens plus que compassion, je pleure sa douleur confondue à celle de Virginie, et moi, le fruit lointain de ses entrailles, au nom de toutes les générations, je lui pardonne la souffrance qu'elle a transmise involontairement et que nous avons portée à travers cent cinquante ans d'histoire familiale. Aujourd'hui, je lui souhaite d'être en paix. Je la remercie pour tout ce qu'elle nous a aussi transmis de beau, et je peux enfin lui dire «*je t'aime!*» Jean me surprend à ce moment-là, entre rires et larmes et, s'il n'a pas tout compris de mes explications, il part rassuré sur mon état mental.

Dans la soirée, mon arrière-arrière-arrière-grand-mère m'envoie deux autres informations, de façon très inattendue mais suffisamment claire pour que j'apprenne ceci d'elle: elle était religieuse et s'appelait Maria-Virginia! La boucle est enfin bouclée. On dit qu'il faut sept générations pour résoudre un conflit avant que la lignée ne s'éteigne... Je suis la sixième.

Certains me croiront folle... Je les laisse croire! Cette histoire est la mienne et elle est vraie...

CHAPITRE 32

Pendant ce temps, Pierre-Marie et Jean continuaient leur recherche. Leurs pas les avaient amenés à Utrecht, aux Pays-Bas, devant ce « Père spirituel » qu'ils recherchaient avec tant d'ardeur. Ils étaient revenus cette fois enthousiasmés par la rencontre qu'ils avaient faite avec l'archevêque de l'Église Vieille Catholique de l'Union d'Utrecht, Joris V…

Cette Église est une branche dissidente de l'Église latine. Lors du Concile de Vatican I en

1870, refusant d'avaliser les dogmes de l'infaillibilité pontificale et de l'Immaculée Conception, quelques deux cents évêques, pour la plupart hollandais, avaient quitté Rome, créant un schisme et une nouvelle Église. Puisque les évêques avaient été sacrés par les descendants de saint Pierre et avaient à leur tour sacré de nouveaux évêques, ils se maintenaient dans la filiation apostolique que recherchaient Pierre-Marie et Jean. Dans cette nouvelle Église, ils pouvaient trouver une place, le célibat n'étant pas une règle en vigueur et l'archevêque étant lui-même marié et père de famille.

Le tout n'était pas d'avoir trouvé… Il allait encore leur falloir faire preuve de patience, tout comme nos communautés et nous les épouses. Car si l'archevêque acceptait nos demandes pour rejoindre son Église, il nous demandait d'effectuer d'abord un long cheminement avec lui. C'était, à notre avis, normal et nous rassurait sur l'authenticité et le sérieux de nos démarches respectives, contrairement à l'évêque V…, qui nous avait accueillis sans condition ni formation.

Répandue à travers plus de soixante pays et comprenant quelques six cent mille fidèles, l'Église Vieille Catholique de l'Union d'Utrecht n'avait aucune preuve supplémentaire à nous apporter quant à la validité de son existence. Pour la rejoindre, il ne suffisait pas de vouloir y adhérer, il fallait donner des preuves du désir profond de nous intégrer complètement dans son mode de pensée et de fonctionnement, nous et nos communautés. Nous avons piaffé d'impatience quelques fois, mais il nous a fallu faire preuve de patience deux longues années avant que Jean n'y soit *in Cardine* officiellement. Un lien étroit, respectueux et affectueux s'était tissé rapidement entre Joris, nous et la communauté qu'il était venu rencontrer, et nous souhaitions profondément nous sentir rattachés à lui, cœur à cœur. Nous avions appris la patience…

Cet homme m'avait d'emblée impressionnée par son charisme, sa gentillesse, sa volonté et son ouverture d'esprit et de cœur. Nous avions trouvé auprès de lui le pasteur que nous cherchions, la liberté de pensée et le bol d'air frais qu'il nous fallait pour continuer d'avancer.

La date de cet événement tant attendu est fixée au 3 avril 2011, quelques jours avant les soixante-quinze ans de Jean. Un des membres de notre petite communauté, propriétaire du très beau lieu qu'est la Converserie de Saint-Hubert, nous offre d'y célébrer la messe que l'archevêque animera pour l'occasion. Nous avons l'intention d'inviter tous ceux et celles qui, de près ou de loin pendant toute sa vie sacerdotale, ont encouragé Jean dans son chemin de foi. Je prépare moi-même les invitations et en soumets la première version imprimée à notre ami Jean-François, le prêtre qui nous avait bénis sous les arbres, lors d'un petit dîner à la maison où il vient accompagné de son amie. Sa première réaction est de nous inviter à célébrer ce grand jour dans son église. Surprise, je lui rétorque :

— Mais Jean-François, tu vas te faire engueuler une nouvelle fois par l'évêché !

Nous avions appris qu'à la suite de notre mariage, il avait été appelé chez son évêque et sérieusement réprimandé. J'avais même su par un ami vicaire général que son intervention ce jour-là devant les caméras avait été un empêchement à son avancement dans l'Église et qu'il n'avait pas été nommé doyen à cause de cela. Quelle mesquinerie !

Avec un sourire espiègle, il répond à ma remarque :

— Ne t'inquiète pas ! L'événement sera passé depuis longtemps quand ils l'apprendront ! Je serai sûrement appelé, mais je ferai l'idiot, je dirai : « Oui, Monseigneur, bien Monseigneur, je ne le ferai plus ! » Entretemps, vous aurez célébré cet événement dans une église, et c'est le meilleur endroit pour le faire !

— Tu es bien sûr ?

— Absolument ! Change l'adresse sur tes invitations, je vous invite chez moi !

Mais les chemins vers Dieu sont faits de surprises et, quoi qu'on en pense, parfois plus courts qu'on ne les imagine...

Emballée par son offre, je suggère à Jean de chercher une chorale pour animer la célébration. Je souhaite donner à cet office et à la présence de l'archevêque un minimum de décorum. Il faut savoir que, pour nous, les vieux catholiques, l'archevêque est notre autorité suprême. Il est en quelque sorte notre pape ! Mais au contraire des romains, notre chef est un homme accessible et, entre lui et nous, il n'y a aucune hiérarchie pour nous mettre des bâtons dans les roues. Je prends contact par téléphone avec la responsable d'une chorale que je crois éloignée de notre territoire géographique. D'entrée de jeu, elle m'annonce que oui, elle est chef de chœur de cet ensemble dans une petite ville à trente kilomètres de chez nous, mais qu'elle dirige aussi celle du doyen qui avait refusé que Jean-François nous bénisse sous nos arbres... La gaffe !

Je reçois un appel en détresse de Jean-François, le lendemain.

— Micheline, me dit-il avec une voix catastrophée, je suis désolé, mais il va falloir annuler mon invitation à venir célébrer dans mon église !

— Mais pourquoi ? Que se passe-t-il ?

— Je ne sais pas comment l'information est parvenue chez l'évêque, mais il m'a téléphoné, furieux, en m'interdisant de vous recevoir ! Comme j'argumentais que vous aviez fait une démarche authentique, que vous aviez une vraie communauté, que l'Église Vieille Catholique était une véritable Église du Christ et que c'était ça l'œcuménisme, il m'a menacé de m'éloigner, sous-entendant qu'il connaissait ma relation et que c'est par là qu'il me punirait si je n'obtempérais pas !

— Je suis sidérée, Jean-François, mais ne prends pas de risque pour nous. Je t'avais prévenu !

— Mais comment l'ont-ils su ?

— Ce n'est pas compliqué, dis-je, atterrée de comprendre d'où vient le coup bas, c'est la femme que j'ai eu au téléphone pour la chorale. Elle a dû en parler au doyen, qui s'est sans doute empressé à son tour de prévenir l'évêque ! Mais quel panier de crabes! C'est vraiment un minable règlement de compte! Il n'ont rien d'autre à faire que de nous emmerder?

— Tu sais, me dit-il, soulagé que je le prenne de cette façon, s'ils réagissent comme ça, c'est parce que vous les dérangez et c'est très bien! Où allez-vous aller pour votre célébration?

— Eh bien, ce n'est pas compliqué, on retourne à la Converserie. Heureusement, je n'ai pas encore imprimé les invitations!

Le 3 avril vers 14h, les invités, venus de tous les coins de Belgique, arrivent au compte-goutte. Nous avions reçu la confirmation d'une centaine de personnes, mais au fur et à mesure que le monde s'installe, nous constatons qu'il n'y a pas assez de chaises placées. Heureusement, la réserve n'est pas loin. Nos hôtes, attentifs et généreux, veillent à ce que nous ne manquions de rien.

L'archevêque se prépare avec Jean dans une pièce adjacente. La chorale répète, tandis qu'Aurélien prend connaissance du maniement de la caméra qu'une chaîne de télévision française lui a fait parvenir, car elle ne peut être présente, n'ayant appris que par hasard et tardivement l'événement. Luna, fière et un peu émue, relit la promesse qu'elle a écrite elle-même pour ce jour où elle va recevoir pour la première fois la communion des mains de notre archevêque Joris.

Ils ont accepté, lui et Jean, que ce soit moi, l'épouse, qui fasse le mot d'accueil à l'assemblée. Ce témoignage de confiance de l'un et de l'autre à mon égard m'ouvrait la porte d'un chemin sur lequel j'étais autorisée à m'engager pour la première fois de ma vie, en tant que femme d'abord et femme de prêtre en prime!

Il est difficile de relater l'émotion qui règne dans ce lieu magique au moment où Jean entre dans la salle, aux côtés de l'archevêque revêtu de tous les attributs que lui confère sa charge. C'est avec une profonde reconnaissance et une belle assurance que j'ouvre la cérémonie, marquant d'emblée, pour tous, la place qui m'est offerte et que je prends. Il n'y a pas de mots non plus pour décrire l'atmosphère profondément recueillie de l'assemblée durant toute la célébration, ni la chaleur et l'enthousiasme des participants lors du goûter qui suivit. Il n'y a pas de mots… Il n'y a que des images qui chantent encore dans mon cœur. Je dirai simplement que ce fut une journée magnifique, écrite à quatre mains sur une page neuve de notre vie.

ÉPILOGUE

Ici s'achève la narration de cette histoire. La narration seulement, car l'histoire continue. Elle s'écrit page après page, mois après mois, année après année, au fil des événements qui marquent notre quotidien.

La communauté, soutenue par les encouragements de notre archevêque, grandit en foi, en nombre et en convivialité. Réunis chaque premier dimanche du mois, nous partageons notre questionnement de chrétien dans le monde actuel. Nous échangeons sur nos expériences personnelles, déposons parfois le fardeau d'une épreuve, mais surtout, nous faisons des projets, tout en discutant autour du repas que chacun compose avec ce qu'il amène et qui suscite toujours le même attrait pour les anciens comme pour les nouveaux qui nous rejoignent.

Au pied de l'autel, dans la petite chapelle aménagée dans une aile de notre maison, nous laissons une ardoise sur laquelle sont inscrits les prénoms de ceux et celles qui requièrent nos prières. Il est peu de jours où nous ne recevons pas un appel, une demande que nous portons aussitôt dans ce lieu que nous appelons «*notre tente au désert*»! Nous écoutons toujours les demandes et répondons souvent aux requêtes; mariages, baptêmes, bénédictions.

« *Il n'y a pas qu'une demeure dans la maison de mon Père* », a dit Jésus, et c'est bien cette certitude qui nous donne la vigueur pour oser innover, la force pour continuer, le courage de garder la tête haute, et cela avec la bienveillance et la tendresse de notre archevêque Joris.

Dans la demeure que nous avons choisie et qui nous accueille, les femmes ont leur place. Deux fois par an, je suis invitée à accompagner Jean aux réunions qui regroupent, autour de notre archevêque, tous les prêtres francophones de Belgique, de France et de Suisse. Me sentant appelée au sacerdoce moi aussi, j'ai demandé à rejoindre le clergé féminin au sein de notre Église. Ma demande a été examinée et acceptée. J'ai entamé de nouvelles études pour satisfaire aux exigences qu'impose cette charge, mais le moment venu, le mot de la fin reviendra à la communauté : c'est elle qui choisira, le jour où Jean s'arrêtera, le pasteur qui la conduira dans les verts pâturages auxquels, tous, nous aspirons.

À ce jour, Jean, cet époux que j'aime, admire et soutiens, va avoir soixante-dix-huit ans, et je souhaite qu'il continue encore de longues années à œuvrer avec moi à la transmission des valeurs évangéliques, qu'il porte encore longtemps témoignage en vérité de l'Amour sans restriction ni condition de notre Père à tous, pour tous.

LE MOT DE JEAN

Dès les années soixante et jusqu'à ce jour, les nombreux amis prêtres qui ont quitté l'Église l'ont fait avec un sentiment d'échec, dans une réprobation quasi générale du peuple des croyants et, a fortiori, de leur hiérarchie. Jamais aucun diocèse n'a tenu compte de ces centaines de départs, les ignorant au mieux !

Pour ma part, je n'ai jamais rien ressenti de pareil. Au contraire, les deux cents personnes présentes à mon incardination dans l'Église Vieille Catholique de l'Union d'Utrecht exprimaient un désir de changement, de modification des règles et m'encourageaient dans la voie que je venais de prendre avec Micheline à mes côtés. Ces femmes et ces hommes, baptisés dans l'Église romaine, me portaient dans une espérance d'ouverture œcuménique.

Toutes les Églises du Christ transmettent, à leur façon, le message évangélique. Les unes n'étant pas meilleures que les autres. Les unes ne détenant pas plus de vérités que les autres. Elles sont toutes les fruits de l'histoire des hommes en quête de vérité.

TABLE DES MATIÈRES

Imprimé en CE
DÉPOT LÉGAL : 2014